기출로 합격까지

박희용 기출문제

부동산공법 2차

박문각 공인중개사

브랜드만족 1위 박문각

2025

근거자료 별면표기

제1절 총설(용어)

001 국토의 계획 및 이용에 관한 법령상 용어에 관한 설명으로 옳은 것은?
제35회 공인중개사
① 행정청이 설치하는 공동묘지는 "공공시설"에 해당한다.
② 성장관리계획구역에서의 **난개발**을 **방지**하고 계획적인 개발을 유도하기 위하여 수립하는 계획은 "공간재구조화계획"이다.
③ 자전거전용도로는 "기반시설"에 해당하지 않는다.
④ 지구단위계획구역의 지정에 관한 계획은 "도시·군기본계획"에 해당한다.
⑤ "기반시설부담구역"은 **기반시설**을 **설치**하기 **곤란**한 지역을 대상으로 지정한다.

> **해설** ② 성장관리계획구역에서의 난개발을 방지하고 계획적인 개발을 유도하기 위하여 수립하는 계획은 성장관리계획이다. 공간재구조화계획은 토지의 이용 및 건축물이나 그 밖의 시설의 용도·건폐율·용적률·높이 등을 완화하는 용도구역의 효율적이고 계획적인 관리를 위하여 수립하는 계획을 말한다.
> ③ 자전거전용도로는 "기반시설"에 해당한다.
> ④ 지구단위계획구역의 지정에 관한 계획은 "도시·군관리계획"에 해당한다.
> ⑤ "개발밀도관리구역"은 기반시설을 설치하기 곤란한 지역을 대상으로 지정한다.
> "기반시설부담구역"은 개발밀도관리구역 외의 지역으로서 개발로 인하여 도로, 공원, 녹지 등 대통령령으로 정하는 기반시설의 설치가 필요한 지역을 대상으로 기반시설을 설치하거나 그에 필요한 용지를 확보하게 하기 위하여 지정·고시하는 구역을 말한다.
>
> **정답** ①

002 국토의 계획 및 이용에 관한 법령상의 용어에 관한 설명으로 **틀린** 것은?
제21회 공인중개사
① 도시·군계획은 도시·군기본계획과 도시·군관리계획으로 구분한다.
② 용도지역, 용도지구의 지정 또는 변경에 관한 계획은 **도시·군관리계획으로 결정**한다.
③ 지구단위계획은 **도시·군관리계획으로 결정**한다.
④ 도시·군관리계획을 시행하기 위한 도시개발법에 따른 **도시개발사업**은 **도시·군계획사업**에 포함된다.
⑤ **기반시설**은 도시·군계획시설 중 **도시·군관리계획으로 결정**된 시설을 말한다.

> **해설** 도시·군계획시설이란 기반시설 중 도시·군관리계획으로 결정된 시설을 말한다.
>
> **정답** ⑤

003 국토의 계획 및 이용에 관한 법령상 기반시설 중 방재시설에 해당하지 **않는** 것은?
제25회 공인중개사
① 하천 ② 유수지 ③ 하수도
④ 사방시설 ⑤ 저수지

> **해설** 하수도는 환경기초시설이다.
>
> **정답** ③

004 국토의 계획 및 이용에 관한 법령상 기반시설의 종류와 그 해당 시설의 연결이 **틀린** 것은?
제32회 공인중개사
① 교통시설 - 차량 검사 및 면허 시설
② 공간시설 - 녹지
③ 유통·공급시설 - 방송·통신시설
④ 공공·문화체육시설 - 학교
⑤ 보건위생시설 - 폐기물처리 및 재활용시설

해설 폐기물처리 및 재활용시설은 환경기초시설이다.

정답 ⑤

---

005 국토의 계획 및 이용에 관한 법령상 도시 · 군관리계획을 시행하기 위한 사업으로 도시 · 군계획사업에 해당하는 것을 모두 고른 것은?   제29회 공인중개사

> ㉠ 도시 · 군계획시설사업
> ㉡ 「도시개발법」에 따른 도시개발사업
> ㉢ 「도시 및 주거환경정비법」에 따른 정비사업

① ㉠   ② ㉠, ㉡   ③ ㉠, ㉢
④ ㉡, ㉢   ⑤ ㉠, ㉡, ㉢

해설 모두 도시 · 군계획사업에 해당한다.

정답 ⑤

---

006 「국토의 계획 및 이용에 관한 법률」상 용어의 정의에 관한 조문의 일부이다. (   )에 들어갈 내용을 바르게 나열한 것은?   제30회 공인중개사

> "(㉠)"(이)란 토지의 이용 및 건축물의 용도 · 건폐율 · 용적률 · 높이 등에 대한 (㉡)의 제한을 강화하거나 완화하여 적용함으로써 (㉡)의 기능을 증진시키고 경관 · 안전 등을 도모하기 위하여 도시 · 군관리계획으로 결정하는 지역을 말한다.

① ㉠: 용도지구, ㉡: 용도지역
② ㉠: 용도지구, ㉡: 용도구역
③ ㉠: 용도지역, ㉡: 용도지구
④ ㉠: 용도지구, ㉡: 용도지역 및 용도구역
⑤ ㉠: 용도지역, ㉡: 용도구역 및 용도지구

해설 용도지구는 용도지역의 제한을 강화하거나 완화하여 적용할 목적으로 지정한다.

정답 ①

제2절 **광역도시계획**

007 국토의 계획 및 이용에 관한 법령상 광역계획권에 관한 설명으로 옳은 것은?   제33회 공인중개사

① 광역계획권이 둘 이상의 도의 관할 구역에 걸쳐 있는 경우, 해당 도지사들은 **공동으로** 광역계획권을 **지정**하여야 한다.

② 광역계획권이 하나의 도의 관할 구역에 속하여 있는 경우, 도지사는 국토교통부장관과 **공동으로** 광역계획권을 **지정** 또는 변경하여야 한다.

③ **도지사**가 광역계획권을 지정하려면 관계 중앙행정기관의 장의 의견을 들은 후 **중앙**도시계획위원회의 심의를 거쳐야 한다.

④ **국토교통부장관**이 광역계획권을 변경하려면 관계 시 · 도지사, 시장 또는 군수의 의견을 들은 후 **지방**도시계획위원회의 심의를 거쳐야 한다.

⑤ 중앙행정기관의 장, 시 · 도지사, 시장 또는 군수는 국토교통부장관이나 도지사에게 광역계획권의 지정 또는 변경을 요청할 수 있다.

해설 ① 광역계획권이 둘 이상의 도의 관할 구역에 걸쳐 있는 경우, 국토교통부장관이 광역계획권을 지정할 수 있다.
② 광역계획권이 하나의 도의 관할 구역에 속하여 있는 경우, 도지사가 광역계획권을 지정 또는 변경할 수 있다.
③ 중앙도시계획위원회 ⇨ 지방도시계획위원회
④ 지방도시계획위원회 ⇨ 중앙도시계획위원회

정답 ⑤

008 국토의 계획 및 이용에 관한 법령상 광역도시계획에 관한 설명으로 틀린 것은? 　제26회 공인중개사

① 동일 지역에 대하여 수립된 광역도시계획의 내용과 도시·군기본계획의 내용이 다를 때에는 광역도시계획의 내용이 우선한다.
② 광역계획권은 **광역시장이 지정**할 수 있다.
③ **도지사**는 **시장 또는 군수**가 협의를 거쳐 요청하는 경우에는 단독으로 광역도시계획을 수립할 수 있다.
④ **광역도시계획**을 수립하려면 광역도시계획의 수립권자는 미리 **공청회**를 열어야 한다.
⑤ 국토교통부장관이 조정의 신청을 받아 광역도시계획의 내용을 **조정**하는 경우 중앙도시계획위원회의 **심의**를 거쳐야 한다.

해설 광역시장은 광역계획권의 지정권자가 아니다.
정답 ②

009 국토의 계획 및 이용에 관한 법령상 광역도시계획에 관한 설명으로 옳은 것은? 　제27회 공인중개사

① **국토교통부장관**이 광역계획권을 지정하려면 관계 **지방** 도시계획위원회의 심의를 거쳐야 한다.
② **도지사**가 시장 또는 군수의 요청으로 관할 시장 또는 군수와 공동으로 광역도시계획을 수립하는 경우에는 **국토교통부장관의 승인**을 **받지 않고** 광역도시계획을 수립할 수 있다.
③ 중앙행정기관의 장은 국토교통부장관에게 광역계획권의 변경을 **요청할 수 없다.**
④ **시장 또는 군수**가 광역도시계획을 수립하거나 변경하려면 **국토교통부장관**의 승인을 받아야 한다.
⑤ 광역계획권은 인접한 둘 이상의 특별시·광역시·시 또는 군의 관할구역 단위로 지정하여야 하며, 그 관할구역의 **일부만**을 광역계획권에 **포함시킬 수는 없다.**

해설 ① 지방 도시계획위원회 ⇨ 중앙 도시계획위원회
③ 중앙행정기관의 장은 국토교통부장관에게 광역계획권의 변경을 요청할 수 있다.
④ 국토교통부장관의 승인 ⇨ 도지사의 승인
⑤ 전부 또는 일부를 광역계획권에 포함시킬 수 있다.
정답 ②

010 국토 계획 및 이용에 관한 법령상 광역도시계획 등에 관한 설명으로 틀린 것은? (단, 조례는 고려하지 않음) 　제28회 공인중개사

① 국토교통부장관은 광역계획권을 **지정**하려면 관계 시·도지사, 시장 또는 군수의 의견을 들은 후 중앙도시계획위원회의 **심의**를 거쳐야 한다.
② 시·도지사, 시장 또는 군수는 광역도시계획을 변경하려면 미리 관계 시·도, 시 또는 군의 의회와 관계 시장 또는 군수의 의견을 들어야 한다.
③ **국토교통부장관**은 시·도지사가 요청하는 경우에도 **시·도지사**와 공동으로 광역도시계획을 수립할 수 없다.
④ **시장 또는 군수**는 광역도시계획을 수립하려면 **도지사**의 승인을 받아야 한다.
⑤ 시장 또는 군수는 **광역도시계획**을 변경하려면 미리 **공청회**를 열어야 한다.

해설 국토교통부장관은 시·도지사와 공동으로 광역도시계획을 수립할 수 있다.
정답 ③

011 국토의 계획 및 이용에 관한 법령상 광역도시계획에 관한 설명으로 틀린 것은? 　제31회 공인중개사

① **도지사**는 **시장 또는 군수**가 협의를 거쳐 요청하는 경우에는 단독으로 광역도시계획을 수립할 수 있다.
② 광역도시계획의 **수립기준**은 **국토교통부장관**이 정한다.
③ 광역도시계획의 수립을 위한 공청회는 광역계획권 단위로 개최하되, 필요한 경우에는 광역계획권을 수개의 지역으로 **구분하여** 개최할 수 **있다.**
④ **국토교통부장관**은 광역도시계획을 수립하였을 때에는 **직접** 그 내용을 **공고**하고 일반이 **열람**할 수 있도록 하여야 한다.
⑤ 광역도시계획을 공동으로 수립하는 **시·도지사**는 그 내용에 관하여 서로 **협의가 되지 아니하면** 공동이나 단독으로 **국토교통부장관**에게 **조정**을 신청할 수 있다.

해설 시·도지사에게 관계 서류를 송부하여야 하며, 관계 서류를 받은 시·도지사는 그 내용을 공고하고 일반이 열람할 수 있도록 하여야 한다.
정답 ④

012 국토의 계획 및 이용에 관한 법령상 광역도시계획에 관한 설명으로 **틀린** 것은?   제32회 공인중개사

① 광역도시계획의 **수립기준은 국토교통부장관이** 정한다.

② 광역계획권이 **같은 도**의 관할 구역에 속하여 있는 경우 관할 **도지사**가 광역도시계획을 **수립**하여야 한다.

③ 시·도지사, 시장 또는 군수는 광역도시계획을 수립 하거나 변경하려면 미리 관계 시·도, 시 또는 군의 의회와 관계 시장 또는 군수의 의견을 들어야 한다.

④ 시장 또는 군수가 기초조사정보체계를 구축한 경우 에는 등록된 정보의 현황을 5년마다 확인하고 변동 사항을 반영하여야 한다.

⑤ 광역계획권을 지정한 날부터 **3년**이 지날 때까지 관 할 **시장 또는 군수**로부터 광역도시계획의 승인 **신청 이 없는 경우** 관할 **도지사**가 광역도시계획을 수립하 여야 한다.

해설 광역계획권이 같은 도의 관할 구역에 속하여 있는 경우 관할 시장·군수가 공동으로 광역도시계획을 수립하여야 한다.

정답 ②

제3절 **도시·군기본계획**

013 국토의 계획 및 이용에 관한 법령상 도시·군기본계 획에 관한 설명으로 **옳은** 것은?   제22회 공인중개사

① **특별시장·광역시장·특별자치시장·특별자치도지 사**가 수립한 도시·군기본계획의 **승인**은 국토교통 부장관이 하고, 시장·군수가 수립한 도시·군기본 계획의 승인은 도지사가 한다.

② 광역도시계획이 수립되어 있는 지역에 대하여 수립 하는 도시·군기본계획의 내용이 광역도시계획의 내 용과 다를 때에는 광역도시계획의 내용이 우선한다.

③ 이해관계자를 포함한 주민은 지구단위계획구역의 지정 및 변경에 관한 사항에 대하여 **도시·군기본계 획**의 입안을 **제안**할 수 있다.

④ 특별시장·광역시장·특별자치시장·특별자치도 지사·시장 또는 군수는 도시·군기본계획을 수립 할 때 주민의 의견청취를 위한 **공청회**는 **생략**할 수 있다.

⑤ 특별시장·광역시장·특별자치시장·특별자치도지 사·시장 또는 군수는 **10년**마다 관할구역의 도시· 군기본계획에 대하여 그 **타당성**여부를 전반적으로 재**검토**하여 정비하여야 한다.

해설 ① 특별시장·광역시장·특별자치시장 또는 특별자치도 지사는 승인을 받지 않는다.
③ 도시·군관리계획 입안의 제안에 대한 내용이다.
④ 공청회 생략에 관한 규정을 두고 있지 않다.
⑤ 10년마다 ⇨ 5년마다

해설 ②

014 국토의 계획 및 이용에 관한 법령상 도시·군기본계획에 관한 설명으로 옳은 것은? 제24회 공인중개사

① 시장·군수는 관할 구역에 대해서만 도시·군기본계획을 수립할 수 있으며, **인접**한 시 또는 군의 관할 구역을 **포함**하여 계획을 수립할 수 **없다.**

② 도시·군기본계획의 내용이 광역도시계획의 내용과 다를 때에는 **국토교통부장관**이 결정하는 바에 따른다.

③ 「수도권정비계획법」에 의한 **수도권**에 속하지 **아니하고 광역시**와 **경계**를 같이하지 **아니**한 인구 7만명의 군은 **도시·군기본계획을 수립하지 아니할 수 있다.**

④ 도시·군기본계획을 **변경**하는 경우에는 **공청회**를 개최하지 **아니할 수 있다.**

⑤ **광역시장**이 도시·군기본계획을 수립하려면 국토교통부 장관의 **승인**을 받아야 한다.

해설 ① 인접한 시·군의 관할 구역 전부 또는 일부를 포함하여 도시·군기본계획을 수립할 수 있다.
② 도시·군기본계획의 내용이 광역도시계획의 내용과 다를 때에는 광역도시계획의 내용이 우선한다.
④ 변경하는 경우에도 공청회를 개최하여야 한다.
⑤ 특별시장·광역시장은 승인을 받지 않는다.
정답 ③

015 국토의 계획 및 이용에 관한 법률상 도시·군기본계획의 수립 및 정비에 관한 조문의 일부이다. ( )에 들어갈 숫자를 옳게 연결한 것은? 제27회 공인중개사

> • 도시·군기본계획 입안일부터 (㉠)년 이내에 토지적성평가를 실시한 경우 등 대통령령으로 정하는 경우에는 **토지적성평가** 또는 재해취약성분석을 하지 **아니할 수 있다.**
> • 시장 또는 군수는 (㉡)년마다 관할 구역의 도시·군기본계획에 대하여 그 **타당성** 여부를 전반적으로 재검토하여 정비하여야 한다.

① ㉠: 2, ㉡: 5   ② ㉠: 3, ㉡: 2
③ ㉠: 3, ㉡: 5   ④ ㉠: 5, ㉡: 5
⑤ ㉠: 5, ㉡: 10

해설 • 도시·군기본계획 입안일부터 5년 이내에 토지적성평가를 실시한 경우 등 대통령령으로 정하는 경우에는 토지적성평가 또는 재해취약성분석을 하지 아니할 수 있다.

• 특별시장·광역시장·특별자치시장·특별자치도지사·시장 또는 군수는 5년마다 관할 구역의 도시·군기본계획에 대하여 그 타당성 여부를 전반적으로 재검토하여 정비하여야 한다.
정답 ④

016 국토의 계획 및 이용에 관한 법령상 도시·군기본계획에 관한 설명으로 **틀린** 것은? 제32회 공인중개사

① 수도권정비계획법에 의한 **수도권**에 속하고 광역시와 경계를 같이하지 아니한 시로서 인구 **20만명** 이하인 시는 **도시·군기본계획을 수립하지 아니할 수 있다.**

② 도시·군기본계획에는 기후변화 대응 및 에너지 절약에 관한 사항에 대한 정책 방향이 포함되어야 한다.

③ 광역도시계획이 수립되어 있는 지역에 대하여 수립하는 도시·군기본계획은 그 광역도시계획에 부합되어야 한다.

④ 시장 또는 군수는 **5년**마다 관할 구역의 도시·군기본계획에 대하여 **타당성**을 전반적으로 재**검토**하여 정비하여야 한다.

⑤ 특별시장·광역시장·특별자치시장 또는 특별자치도지사는 도시·군기본계획을 변경하려면 관계 행정기관의 장(국토교통부장관을 포함)과 협의한 후 지방도시계획위원회의 심의를 거쳐야 한다.

해설 수도권정비계획법에 의한 수도권에 속하지 아니하고 광역시와 경계를 같이하지 아니한 시 또는 군으로서 인구 10만명 이하인 시 또는 군은 도시·군기본계획을 수립하지 아니할 수 있다.
정답 ①

017 국토의 계획 및 이용에 관한 법령상 시장 또는 군수가 도시·군기본계획의 승인을 받으려 할 때, 도시·군기본계획안에 첨부하여야 할 서류에 해당하는 것은? 제33회 공인중개사

① 기초조사 결과
② **청문회**의 청문조서
③ 해당 시·군 및 **도의 의회**의 심의·의결 결과
④ 해당 시·군 및 **도의 지방도시계획위원회**의 심의 결과
⑤ 관계 **중앙**행정기관의 장과의 협의 및 **중앙도시계획위원회**의 심의에 필요한 서류

해설 시장 또는 군수는 도시·군기본계획의 승인을 받으려면 도시·군기본계획안에 다음의 서류를 첨부하여 도지사에게 제출하여야 한다.

> 1. 기초조사 결과
> 2. 공청회개최 결과
> 3. 해당 시·군의 의회의 의견청취 결과
> 4. 해당 시·군에 설치된 지방도시계획위원회의 자문을 거친 경우에는 그 결과
> 5. 관계 행정기관의 장과의 협의 및 도의 지방도시계획위원회의 심의에 필요한 서류

정답 ①

---

018 국토의 계획 및 이용에 관한 법령상 도시·군기본계획에 관한 설명으로 틀린 것은? 제31회 공인중개사

① 시장 또는 군수는 **인접**한 시 또는 군의 관할 구역을 **포함**하여 도시·군기본계획을 수립하려면 미리 그 시장 또는 군수와 **협의**하여야 한다.

② 도시·군기본계획 입안일부터 **5년** 이내에 토지적성평가를 실시한 경우에는 **토지적성평가**를 하지 **아니할 수 있다.**

③ 시장 또는 군수는 도시·군기본계획을 수립하려면 미리 그 시 또는 군 의회의 의견을 들어야 한다.

④ **시장 또는 군수**는 도시·군기본계획을 변경하려면 **협의**한 후 지방도시계획위원회의 **심의**를 거쳐야 한다.

⑤ 시장 또는 군수는 **5년**마다 관할 구역의 도시·군기본계획에 대하여 **타당성**을 전반적으로 재**검토**하여 정비하여야 한다.

해설 시장 또는 군수는 도시·군기본계획을 변경하려면 도지사의 승인을 받아야 하며, 도지사가 도시·군기본계획을 승인하려면 관계 행정기관과 협의한 후 지방도시계획위원회의 심의를 거쳐야 한다.

정답 ④

---

019 국토의 계획 및 이용에 관한 법령상 도시·군계획에 관한 설명으로 옳은 것은? 제35회 공인중개사

① 도시·군기본계획의 내용이 광역도시계획의 내용과 다를 때에는 **도시·군기본계획의 내용이 우선**한다.

② 도시·군기본계획의 수립권자가 **생활권계획**을 따로 수립한 때에는 해당 계획이 수립된 생활권에 대해서는 도시·군관리계획이 수립된 것으로 **본다.**

③ 시장·군수가 미리 지방의회의 의견을 들어 수립한 도시·군기본계획의 경우 도지사는 지방도시계획위원회의 **심의를 거치지 않고** 해당 계획을 **승인**할 수 있다.

④ 주민은 **공공청사**의 설치에 관한 사항에 대하여 도시·군관리계획의 입안권자에게 그 계획의 **입안을 제안할 수 있다.**

⑤ 광역도시계획이나 도시·군기본계획을 수립할 때 도시·군관리계획을 **함께** 입안할 수 **없다.**

해설 ④ 공공청사는 기반시설에 해당하며 기반시설의 설치·정비·개량에 관한 사항에 대하여 도시·군관리계획의 입안을 제안할 수 있다.

① 도시·군기본계획의 내용이 광역도시계획의 내용과 다를 때에는 광역도시계획의 내용이 우선한다.

② 생활권계획이 수립 또는 승인된 때에는 해당 계획이 수립된 생활권에 대해서는 도시·군기본계획이 수립 또는 변경된 것으로 본다.

③ 도지사는 도시·군기본계획을 승인하려면 관계 행정기관의 장과 협의한 후 지방도시계획위원회의 심의를 거쳐야 한다.

⑤ 광역도시계획이나 도시·군기본계획을 수립할 때에 도시·군관리계획을 함께 입안할 수 있다.

정답 ④

제4절 도시 · 군관리계획

020 국토의 계획 및 이용에 관한 법령상 도시 · 군관리계획으로 결정하여야 하는 사항만을 모두 고른 것은?
제26회 공인중개사

> ㉠ 도시자연공원구역의 지정
> ㉡ 개발밀도관리구역의 지정
> ㉢ 도시개발사업에 관한 계획
> ㉣ 기반시설의 정비에 관한 계획

① ㉡ ② ㉢, ㉣ ③ ㉠, ㉡, ㉢
④ ㉠, ㉡, ㉣ ⑤ ㉠, ㉢, ㉣

해설 개발밀도관리구역의 지정은 도시 · 군관리계획으로 결정하여야 하는 사항이 아니다.
정답 ⑤

021 국토의 계획 및 이용에 관한 법령 상 도시 · 군관리계획에 관한 설명으로 틀린 것은?
제26회 공인중개사

① 도시 · 군관리계획 결정의 **효력**은 **지형도면을 고시한 날의 다음날부터 발생**한다.
② 용도지구의 지정은 도시 · 군관리계획으로 결정한다.
③ 주민은 **기반시설**의 설치 · 정비 또는 개량에 관한 사항에 대하여 입안권자에게 도시 · 군관리계획의 **입안을 제안할 수 있다.**
④ 도시 · 군관리계획은 광역도시계획과 도시 · 군기본계획에 부합되어야 한다.
⑤ 도시 · 군관리계획을 조속히 입안하여야 할 필요가 있다고 인정되면 도시 · 군기본계획을 수립할 때에 도시 · 군관리계획을 **함께** 입안 할 수 **있다.**

해설 지형도면을 고시한 날에 발생한다.
정답 ①

022 국토의 계획 및 이용에 관한 법령상 주민이 도시 · 군관리계획의 입안권자에게 그 입안을 제안할 수 있는 사항이 **아닌** 것은?
제34회 공인중개사

① 도시 · 군계획시설입체복합구역의 지정 및 변경과 도시 · 군계획시설입체복합구역의 건축제한 · 건폐율 · 용적률 · 높이 등에 관한 사항
② 지구단위계획구역의 지정 및 변경과 지구단위계획의 수립 및 변경에 관한 사항
③ 기반시설의 설치 · 정비 또는 개량에 관한 사항
④ 산업 · 유통개발진흥지구의 변경에 관한 사항
⑤ 시가화조정구역의 지정 및 변경에 관한 사항

정답 시가화조정구역의 지정 및 변경에 관한 사항은 도시 · 군관리계획의 입안을 제안할 수 있는 사항이 아니다.
정답 ⑤

023 국토의 계획 및 이용에 관한 법령상 주민이 도시 · 군관리계획의 입안을 제안하려는 경우 요구되는 제안 사항별 토지소유자의 동의 요건으로 틀린 것은? (단, 동의 대상 토지 면적에서 국 · 공유지는 제외함)
제29회 공인중개사

① 기반시설의 설치에 관한 사항 : 대상 토지 면적의 5분의 4 이상
② 기반시설의 정비에 관한 사항 : 대상 토지 면적의 3분의 2 이상
③ 지구단위계획구역의 지정과 지구단위계획의 수립에 관한 사항 : 대상 토지 면적의 3분의 2 이상
④ 산업 · 유통개발진흥지구의 지정에 관한 사항 : 대상 토지 면적의 3분의 2 이상
⑤ 용도지구 중 해당 용도지구에 따른 건축물이나 그 밖의 시설의 용도 · 종류 및 규모 등의 제한을 지구단위계획으로 대체하기 위한 용도지구의 지정에 관한 사항 : 대상 토지 면적의 3분의 2 이상

해설 3분의 2 ⇨ 5분의 4
정답 ②

024 국토의 계획 및 이용에 관한 법령상 주민이 도시·군관리계획의 입안을 제안하는 경우에 관한 설명으로 틀린 것은? 제30회 공인중개사

① 도시·군관리계획의 입안을 제안받은 자는 제안자와 협의하여 제안된 도시·군관리계획의 입안 및 결정에 필요한 **비용**의 전부 또는 일부를 제안자에게 **부담시킬 수 있다.**

② 제안서에는 도시·군관리계획도서뿐만 아니라 계획설명서도 첨부하여야 한다.

③ 도시·군관리계획의 입안을 제안받은 자는 그 처리결과를 제안자에게 알려야 한다.

④ **산업·유통개발진흥지구**의 지정 및 변경에 관한 사항은 입안제안의 **대상**에 해당하지 **않는다.**

⑤ 도시·군관리계획의 입안을 **제안**하려는 자가 토지소유자의 **동의**를 받아야 하는 경우 **국·공유지**는 동의 대상 토지 면적에서 **제외**된다.

해설 산업·유통개발진흥지구의 지정 및 변경에 관한 사항을 제안할 수 있다.

정답 ④

025 국토의 계획 및 이용에 관한 법령상 도시·군관리계획 등에 관한 설명으로 옳은 것은? 제28회 공인중개사

① **시가화조정구역**의 지정에 관한 도시·군관리계획 결정**당시** 승인받은 사업이나 공사에 이미 **착수**한 자는 **신고 없이** 그 사업이나 공사를 계속할 수 있다.

② **국가계획**과 연계하여 **시가화조정구역**의 지정이 필요한 경우 **국토교통부장관이** 직접 그 지정을 도시·군관리계획으로 **결정할 수 있다.**

③ 도시·군관리계획의 입안을 제안받은 자는 도시·군관리계획의 입안 및 결정에 필요한 **비용**을 제안자에게 **부담시킬 수 없다.**

④ **수산자원보호구역**의 지정에 관한 도시·군관리계획은 **국토교통부장관이** 결정한다.

⑤ 도시·군관리계획 결정은 **지형도면을 고시한 날의 다음 날부터 효력이 발생**한다.

정답 ① 도시·군관리계획결정의 고시일부터 3월 이내에 신고하여야 한다.
③ 부담시킬 수 있다.
④ 수산자원보호구역의 지정에 관한 도시·군관리계획은 해양수산부장관이 결정한다.
⑤ 고시한 날의 다음 날부터 ⇨ 고시한 날부터

정답 ②

026 국토의 계획 및 이용에 관한 법령상 도시·군관리계획의 수립절차 등에 관한 설명으로 옳은 것은? 제23회공인중개사

① 입안권자가 용도지역·용도지구 또는 용도구역의 지정에 관한 도시·군관리계획을 입안하려면 해당 지방의회의 의견을 들어야 한다.

② 시장 또는 군수는 **10년**마다 관할 구역의 도시·군관리계획에 대하여 그 **타당성**여부를 전반적으로 재**검토**하여 정비하여야 한다.

③ 도시·군관리계획 결정은 **고시가 된 날부터** 그 **효력이 발생**한다.

④ 주민으로부터 도시·군관리계획의 입안을 제안받은 자는 제안된 도시·군관리계획의 입안 및 결정에 필요한 **비용**의 전부를 제안자에게 **부담시켜야 한다.**

⑤ **도시·군관리계획결정**이 실효되면 관보에 실효일자 및 실효사유의 내용을 고시하고, 이해관계인에게 **서면**으로 **통지**하여야 한다.

해설 ② 10년 ⇨ 5년
③ 지형도면을 고시한날부터 효력이 발생한다.
④ 부담시켜야 한다 ⇨ 부담시킬 수 있다
⑤ 이해관계인에게 서면으로 통지하여야 하는 것은 아니다.

정답 ①

027 국토의 계획 및 이용에 관한 법령상 도시·군관리계획에 관한 설명으로 **틀린** 것은? 제24회 공인중개사

① 주민은 **기반시설**의 설치에 관한 사항에 대하여 도시·군관리계획의 입안권자에게 그 **입안을 제안할 수 있다.**

② 시가화조정구역의 지정에 관한 도시·군관리계획 결정이 있는 경우에는 결정 **당시** 이미 허가를 받아 **사업**을 하고 있는 자라도 **허가를 다시 받아야** 한다.

③ 국가계획과 관련하여 **국토교통부장관이 입안한** 도시·군관리계획은 **국토교통부장관이 결정**한다.

④ 공원·녹지·유원지 등의 공간시설의 설치에 관한 계획은 도시·군관리계획에 속한다.

⑤ **도시지역의 축소에 따른** 용도지역의 **변경**을 내용으로 하는 도시·군관리계획을 입안하는 경우에는 주민의 의견청취를 **생략할 수 있다.**

해설 ② 3월 이내에 그 사업의 내용을 신고하여야 한다.
정답 ②

028 국토의 계획 및 이용에 관한 법률상 도시·군관리계획의 결정에 관한 설명으로 **틀린** 것은? 제31회 공인중개사

① 시장 또는 군수가 입안한 **지구단위계획구역**의 지정·변경에 관한 도시·군관리계획은 **시장 또는 군수가** 직접 **결정**한다.

② **개발제한구역**의 지정에 관한 도시·군관리계획은 **국토교통부장관이 결정**한다.

③ 시·도지사가 **지구단위계획**을 결정하려면 건축법에 따라 시·도에 두는 건축위원회와 도시계획위원회가 **공동**으로 하는 **심의**를 거쳐야 한다.

④ 국토교통부장관은 관계 중앙행정기관의 장의 **요청이 없어도** 국가안전보장상 기밀을 지켜야 할 필요가 있다고 인정되면 중앙도시계획위원회의 심의를 거치지 않고 도시·군관리계획을 결정할 수 있다.

⑤ 도시·군관리계획 결정의 **효력**은 **지형도면을 고시한** 날부터 **발생**한다.

해설 관계 중앙행정기관의 장의 요청이 있어야 한다.
정답 ④

029 국토의 계획 및 이용에 관한 법령상 도시·군관리계획에 관한 설명으로 **틀린** 것은? 제32회 공인중개사

① 국토교통부장관은 국가계획과 관련된 경우 직접 도시·군관리계획을 입안할 수 있다.

② 주민은 **산업·유통개발진흥지구**의 지정에 관한 사항에 대하여 도시·군관리계획의 입안권자에게 도시·군관리계획의 **입안을 제안할 수 있다.**

③ 도시·군관리계획으로 입안하려는 지구단위계획구역이 **상업지역**에 위치하는 경우에는 **재해취약성분석**을 하지 **아니할 수 있다.**

④ 도시·군관리계획 결정의 **효력**은 **지형도면을** 고시한 **다음 날부터 발생**한다.

⑤ **인접**한 특별시 광역시·특별자치시·특별자치도·시 또는 군의 관할 구역에 대한 도시·군관리계획은 관계 특별시장·광역시장·특별자치시장·특별자치도지사 시장 또는 군수가 **협의**하여 공동으로 입안하거나 입안할 자를 정한다.

해설 도시·군관리계획 결정의 효력은 지형도면을 고시한날부터 효력이 발생한다.
정답 ④

030 국토의 계획 및 이용에 관한 법령상 도시·군관리계획의 결정에 관한 설명으로 **옳은** 것은? 제35회 공인중개사

① 도시·군관리계획 결정의 효력은 **지형도면을** 고시한 날의 **다음 날부터** 발생한다.

② **시가화조정구역**의 지정에 관한 도시·군관리계획 결정 **당시** 이미 사업에 **착수한** 자는 그 결정에도 불구하고 **신고 없이** 그 사업을 계속할 수 있다.

③ 국토교통부장관이 도시·군관리계획을 직접 입안한 경우에는 시·도지사가 지형도면을 작성하여야 한다.

④ 시장·군수가 입안한 **지구단위계획**의 수립에 관한 도시·군관리계획은 시장·군수의 신청에 따라 **도지사가 결정**한다.

⑤ 시·도지사는 국가계획과 관련되어 국토교통부장관이 입안하여 결정한 도시·군관리계획을 변경하려면 미리 국토교통부장관과 협의하여야 한다.

해설 ① 지형도면을 고시한 날부터 효력을 발생한다.
② 시가화조정구역·수산자원보호구역의 지정에 관한 도시·군관리계획 결정 당시 이미 사업에 착수한 자는 3개월 내에 신고하고 그 사업을 계속할 수 있다.
③ 국토교통부장관이 도시·군관리계획을 직접 입안한 경우에는 국토교통부장관이 직접 지형도면을 작성할 수 있다.
④ 시장 또는 군수가 입안한 지구단위계획구역의 지정·변경과 지구단위계획의 수립·변경에 관한 도시·군관리계획은 시장 또는 군수가 직접 결정한다.

정답 ⑤

제5절 용도지역·용도지구·용도구역

031 국토의 계획 및 이용에 관한 법령상 용도지역, 용도지구, 용도구역에 관한 설명으로 틀린 것은?

제21회 공인중개사

① 용도**지역**과 용도**지구**는 **중첩**하여 지정될 수 **있다.**
② 녹지**지역**과 관리**지역**은 **중첩**하여 지정될 수 **없다.**
③ 관리지역이 세부 용도지역으로 **지정되지 아니한** 경우에 용적률과 건폐율은 생산관리지역에 관한 규정을 적용한다.
④ **시·도지사** 또는 대도시 시장은 도시자연공원구역을 도시·군관리계획 결정으로 지정할 수 있다.
⑤ **해양수산부장관**은 **수산자원보호구역**을 도시·군관리계획 결정으로 지정할 수 있다.

해설 생산관리지역 ⇨ 보전관리지역
정답 ③

032 국토의 계획 및 이용에 관한 법령상 용도지역 중 도시지역에 해당하지 **않는** 것은?

제28회 공인중개사

① 계획관리지역   ② 자연녹지지역
③ 근린상업지역   ④ 전용공업지역
⑤ 생산녹지지역

해설 계획관리지역은 관리지역에 해당된다.
정답 ①

033 국토의 계획 및 이용에 관한 법령상 용도지역에 관한 설명으로 옳은 것은? (단, 조례는 고려하지 않음)

제24회 공인중개사 수정

① 저층주택 중심의 **편리한** 주거환경을 조성하기 위하여 필요한 지역은 제2종 **전용**주거지역으로 지정한다.
② **환경을 저해하지 아니하는** 공업의 배치를 위하여 필요한 지역은 **준공업**지역으로 지정한다.
③ 공유수면의 **매립구역**이 둘 이상의 용도지역에 걸쳐 있는 경우에는 걸친 부분의 면적이 가장 큰 용도지역과 같은 용도지역으로 지정된 것으로 **본다.**
④ 도시지역에 대해 세부 용도지역이 **지정되지 아니한** 경우 건폐율에 대해서는 자연녹지지역에 관한 규정을 적용한다.
⑤ 하나의 대지가 녹지지역과 그 밖의 다른 용도지역에 걸쳐 있으면서, 녹지지역의 **건축물**이 **고도지구**에 걸쳐 있는 경우에는 그 **건축물 및 대지의 전부**에 대하여 고도지구에 관한 규정을 적용한다.

해설 ① 제2종 전용주거지역 ⇨ 제1종 일반주거지역
② 준공업지역 ⇨ 일반공업지역
③ 도시·군관리계획의 결정으로 지정하여야 한다.
④ 자연녹지지역 ⇨ 보전녹지지역
정답 ⑤

034 국토의 계획 및 이용에 관한 법령상 용도지역에 관한 설명으로 옳은 것은?

제35회 공인중개사

① 용도지역은 토지를 경제적·효율적으로 이용하기 위하여 필요한 경우 서로 중복되게 지정할 수 있다.
② 용도지역은 필요한 경우 **도시·군기본계획으로 결정**할 수 있다.
③ 주민은 상업지역에 산업·유통개발진흥지구를 지정하여 줄 것을 내용으로 하는 도시·군관리계획의 입안을 제안할 수 있다.
④ 바다인 공유수면의 **매립구역**이 **둘 이상의 용도지역**과 이웃하고 있는 경우 그 매립구역은 이웃하고 있는 가장 큰 용도지역으로 지정된 것으로 **본다.**
⑤ **관리지역**에서 「농지법」에 따른 **농업진흥지역**으로 지정·고시된 지역은 「국토의 계획 및 이용에 관한 법률」에 따른 **농림지역**으로 결정·고시된 것으로 본다.

해설 ① 용도지역은 서로 중복되지 아니하게 지정하여야 한다.
② 용도지역은 도시·군관리계획으로 결정한다.
③ 산업·유통개발진흥지구의 지정을 제안할 수 있는 대상지역은 자연녹지지역·계획관리지역 또는 생산관리지역이어야 한다.
④ 바다인 공유수면의 매립구역이 둘 이상의 용도지역과 이웃하고 있는 경우에는 그 매립구역이 속할 용도지역은 도시·군관리계획의 결정으로 지정하여야 한다.
정답 ⑤

035 국토의 계획 및 이용에 관한 법령상 도시지역으로 결정·고시된 것으로 볼 수 있는 경우는? 제20회 공인중개사

① 「산업입지 및 개발에 관한 법률」에 따라 농공단지로 지정·고시된 지역
② 「어촌·어항법」에 따른 **어항구역**으로서 **농림지역에 연접**한 공유수면으로 지정·고시된 지역
③ 취락지구로서 「도시개발법」에 따라 도시개발구역으로 지정·고시된 지역
④ 「항만법」에 따른 **항만구역**으로서 **계획관리지역에 연접**한 공유수면으로 지정·고시된 지역
⑤ 「택지개발촉진법」에 따라 **택지개발지구**로 지정·고시된 지역

해설 ① 농공단지는 도시지역으로 의제되지 않는다.
②④ 도시지역에 연접하여야 한다.
③ 취락지구는 도시지역으로 의제되지 않는다.
정답 ⑤

036 국토의 계획 및 이용에 관한 법령상 아파트를 건축할 수 있는 용도지역은? 제29회 공인중개사

① 계획관리지역   ② 일반공업지역
③ 유통상업지역   ④ 제1종 일반주거지역
⑤ 제2종 전용주거지역

해설 아파트는 제2종 전용주거지역, 제2종·제3종 일반주거지역, 준주거지역, 중심상업지역, 일반상업지역, 근린상업지역, 준공업지역에서 허용된다.
정답 ⑤

037 국토의 계획 및 이용에 관한 법령상 용도지역별 용적률의 최대한도에 관한 내용이다. ( )에 들어갈 숫자를 바르게 나열한 것은? (단, 조례, 기타 강화·완화조건은 고려하지 않음) 제33회 공인중개사

• **주거지역**: (㉠) 퍼센트 이하
• **계획관리지역**: (㉡)퍼센트 이하
• **농림지역**: (㉢)퍼센트 이하

① ㉠: 400, ㉡: 150, ㉢: 80
② ㉠: 400, ㉡: 200, ㉢: 80
③ ㉠: 500, ㉡: 100, ㉢: 80
④ ㉠: 500, ㉡: 100, ㉢: 100
⑤ ㉠: 500, ㉡: 150, ㉢: 100

해설 • 주거지역: 500 퍼센트 이하
• 계획관리지역: 100 퍼센트 이하
• 농림지역: 80 퍼센트 이하
정답 ③

038 국토의 계획 및 이용에 관한 법령상 용도지역별 용적률의 최대한도가 큰 순서대로 나열한 것은? (단, 조례 기타 강화·완화조건은 고려하지 않음) 제32회 공인중개사

㉠ 근린상업지역   ㉡ 준공업지역
㉢ 준주거지역   ㉣ 보전녹지지역
㉤ 계획관리지역

① ㉠ - ㉡ - ㉢ - ㉣ - ㉤
② ㉠ - ㉢ - ㉡ - ㉤ - ㉣
③ ㉡ - ㉤ - ㉠ - ㉣ - ㉢
④ ㉢ - ㉠ - ㉣ - ㉡ - ㉤
⑤ ㉢ - ㉡ - ㉠ - ㉤ - ㉣

해설 ㉠ 근린상업지역: 900%
㉡ 준공업지역: 400%
㉢ 준주거지역: 500%
㉣ 보전녹지지역: 80%
㉤ 계획관리지역: 100%
정답 ②

039 국토의 계획 및 이용에 관한 법령상 용도지역별 용적률의 최대한도가 다음 중 가장 큰 것은? (단, 조례 등 기타 강화 · 완화조건은 고려하지 않음) 제30회 공인중개사

① 제1종 전용주거지역　　② 제3종 일반주거지역
③ 준주거지역　　　　　　④ 일반공업지역
⑤ 준공업지역

해설 ① 제1종 전용주거지역 : 100%
② 제3종 일반주거지역 : 300%
③ 준주거지역 : 500%
④ 일반공업지역 : 350%
⑤ 준공업지역 : 400%

정답 ③

040 국토의 계획 및 이용에 관한 법령상 도시 · 군계획조례로 정할 수 있는 건폐율의 최대한도가 다음 중 가장 큰 지역은? 제29회 공인중개사

① 자연환경보전지역에 있는 「자연공원법」에 따른 자연공원
② 계획관리지역에 있는 「산업입지 및 개발에 관한 법률」에 따른 농공단지
③ 수산자원보호구역
④ 도시지역 외의 지역에 지정된 개발진흥지구
⑤ 자연녹지지역에 지정된 개발진흥지구

해설 자연공원은 60%, 농공단지는 70%, 수산자원보호구역은 40%, 도시지역 외의 지역에 지정된 개발진흥지구는 40%, 자연녹지지역에 지정된 개발진흥지구는 30%

정답 ②

041 국토의 계획 및 이용에 관한 법령상 용도지구와 그 세분(細分)이 바르게 연결된 것만을 모두 고른 것은? (단, 조례는 고려하지 않음) 제30회 공인중개사

> ㉠ 보호지구 - 역사문화환경보호지구, 중요시설물보호지구, 생태계보호지구
> ㉡ 방재지구 - 자연방재지구, 시가지방재지구, 특정개발방재지구
> ㉢ 경관지구 - 자연경관지구, 주거경관지구, 시가지경관지구
> ㉣ 취락지구 - 자연취락지구, 농어촌취락지구, 집단취락지구

① ㉠　　　　　② ㉣　　　　　③ ㉠, ㉢
④ ㉡, ㉣　　　⑤ ㉢, ㉣

해설 ㉡ 방재지구 - 시가지방재지구, 자연방재지구
㉢ 경관지구 - 자연경관지구, 시가지경관지구, 특화경관지구
㉣ 취락지구 - 자연취락지구, 집단취락지구

정답 ①

042 국토의 계획 및 이용에 관한 법령상 개발진흥지구를 세분하여 지정할 수 있는 지구에 해당하지 않는 것은? (단, 조례는 고려하지 않음) 제35회 공인중개사

① 주거개발진흥지구
② 중요시설물개발진흥지구
③ 복합개발진흥지구
④ 특정개발진흥지구
⑤ 관광 · 휴양개발진흥지구

해설 ② 개발진흥지구는 주거개발진흥지구, 산업 · 유통개발진흥지구, 관광 · 휴양개발진흥지구, 복합개발진흥지구, 특정개발진흥지구로 세분하여 지정할 수 있다.

정답 ②

043 국토의 계획 및 이용에 관한 법령상 용도지구에 관한 설명이다. (   )에 들어갈 내용으로 옳은 것은?

제34회 공인중개사

- 집단취락지구: (㉠)안의 취락을 정비하기 위하여 필요한 지구
- 복합개발진흥지구: 주거기능, (㉡)기능, 유통·물류기능 및 관광·휴양기능중 2 이상의 기능을 중심으로 개발·정비할 필요가 있는 지구

① ㉠: 개발제한구역, ㉡: 공업
② ㉠: 자연취락지구, ㉡: 상업
③ ㉠: 개발제한구역, ㉡: 상업
④ ㉠: 관리지역, ㉡: 공업
⑤ ㉠: 관리지역, ㉡: 교통

해설
- 집단취락지구: 개발제한구역 안의 취락을 정비하기 위하여 필요한 지구
- 복합개발진흥지구: 주거기능, 공업기능, 유통·물류기능 및 관광·휴양기능중 2 이상의 기능을 중심으로 개발·정비할 필요가 있는 지구

정답 ①

044 국토의 계획 및 이용에 관한 법령상 공업기능 및 유통·물류기능을 중심으로 개발·정비할 필요가 있는 용도지구는?

제31회 공인중개사

① 복합용도지구
② 주거개발진흥지구
③ 산업·유통개발진흥지구
④ 관광·휴양개발진흥지구
⑤ 특정개발진흥지구

해설 산업·유통개발진흥지구: 공업기능 및 유통·물류기능을 중심으로 개발·정비할 필요가 있는 지구

정답 ③

045 국토의 계획 및 이용에 관한 법령상 시·도지사가 복합용도지구를 지정할 수 있는 용도지역에 해당하는 것을 모두 고른 것은?

제34회 공인중개사

㉠ 준주거지역   ㉡ 근린상업지역
㉢ 일반공업지역   ㉣ 계획관리지역
㉤ 일반상업지역

① ㉠, ㉡
② ㉢, ㉣
③ ㉠, ㉡, ㉢
④ ㉢, ㉣, ㉤
⑤ ㉠, ㉡, ㉣, ㉤

해설 복합용도지구는 일반주거지역, 일반공업지역, 계획관리지역에 지정할 수 있다.

정답 ②

046 국토의 계획 및 이용에 관한 법령상 용도지구 안에서의 건축제한 등에 관한 설명으로 틀린 것은? (단, 건축물은 도시·군계획시설이 아니며, 조례는 고려하지 않음)

제29회 공인중개사

① 지구단위계획 또는 관계 법률에 따른 개발계획을 **수립하지 아니하는 개발진흥지구**에서는 개발진흥지구의 지정목적 범위에서 해당 **용도지역**에서 허용되는 건축물을 건축할 수 있다.
② **고도지구** 안에서는 도시·군관리계획으로 정하는 높이를 초과하는 건축물을 건축할 수 없다.
③ 일반주거지역에 지정된 **복합용도지구** 안에서는 장례시설을 건축할 수 있다.
④ 방재지구 안에서는 용도지역 안에서의 층수 제한에 있어 1층 전부를 필로티 구조로 하는 경우 필로티 부분을 층수에서 제외한다.
⑤ 자연취락지구 안에서는 4층 이하의 방송통신시설을 건축할 수 있다.

해설 일반주거지역에 지정된 복합용도지구에서는 준주거지역에서 허용되는 건축물 중 도시·군계획조례가 정하는 건축물을 건축할 수 있다. 다만, 장례시설 등은 제외한다.

정답 ③

047 계획 및 이용에 관한 법령상 용도지구별 건축제한에 관한 설명으로 옳은 것은? (단, 건축물은 도시·군계획시설이 아님) 제23회공인중개사

> ㉠ 경관지구에서의 건축물의 건폐율·용적률·높이·최대너비·색채 및 대지안의 조경 등에 관하여는 도시계획위원회가 정한다.
> ㉡ **집단취락지구** 안에서의 건축제한에 관하여는 **개발제한구역**의 지정 및 관리에 관한 특별조치법령이 정하는 바에 의한다.
> ㉢ **고도지구** 안에서 건축물을 신축하는 경우 도시·**군관리계획**으로 정하는 높이를 초과하여 건축할 수 없다.
> ㉣ **자연취락지구** 안에서는 5층 이하의 범위에서 관광휴게시설을 건축할 수 있다.

① ㉠, ㉡   ② ㉠, ㉢   ③ ㉠, ㉣
④ ㉡, ㉢   ⑤ ㉢, ㉣

해설 ㉠ 경관지구 안에서의 건축제한은 도시·군계획조례로 정해진다.
㉣ 5층 ⇨ 4층, 관광휴게시설은 허용되지 않는다.
정답 ④

048 국토의 계획 및 이용에 관한 법령상 용도구역의 지정에 관한 설명으로 옳은 것은? 제24회 공인중개사

① 국토교통부장관은 개발제한구역의 지정을 **도시·군기본계획으로 결정**할 수 있다.
② 시·도지사는 도시자연공원구역의 지정을 **광역도시계획으로 결정**할 수 있다.
③ 시·도지사는 도시자연공원구역에서 해제되는 구역 중 계획적인 **개발**이 필요한 지역의 전부 또는 일부에 대하여 **지구단위계획구역**을 도시·군관리계획으로 **지정**할 수 있다.
④ 시·도지사는 **수산자원보호구역**의 변경을 **도시·군기본계획으로 결정**할 수 있다.
⑤ 국토교통부장관은 시가화조정구역의 변경을 **광역도시계획으로 결정**할 수 있다.

해설 ①② 개발제한구역과 도시자연공원구역은 도시·군관리계획으로 결정한다.
④ 수산자원보호구역은 해양수산부장관이 지정한다.

⑤ 시가화조정구역은 도시·군관리계획으로 결정한다.
정답 ③

049 국토의 계획 및 이용에 관한 법령상 시가화조정구역에 관한 설명으로 틀린 것은? 제20회 공인중개사

① 시가화조정구역의 변경은 도시·군관리계획에 의해 이루어진다.
② 시가화유보기간은 5년 이상 20년 이내의 기간으로 한다.
③ 시가화유보기간은 도시·군관리계획에 의해 정해진다.
④ 시가화조정구역의 지정에 관한 도시·군관리계획 결정은 시가화유보기간이 끝난 날의 다음날부터 그 효력을 잃는다.
⑤ 국방과 관련하여 **보안상** 도시의 개발을 제한할 필요가 있을 경우 도시·군관리계획에 의해 **시가화조정구역**을 지정할 수 있다.

해설 보안상의 목적은 시가화조정구역과 관계가 없다.
정답 ⑤

050 국토의 계획 및 이용에 관한 법령상 시가화조정구역에 관한 설명으로 옳은 것은? 제32회 공인중개사

① 시가화조정구역은 도시지역과 그 주변지역의 무질서한 시가화를 방지하고 계획적·단계적인 개발을 도모하기 위하여 시·도지사가 **도시·군기본계획으로 결정**하여 지정하는 용도구역이다.
② 시가화유보기간은 5년 이상 20년 이내의 기간이다.
③ 시가화유보기간이 끝나면 국토교통부장관 또는 시·도지사는 이를 고시하여야 하고, 시가화조정구역 지정 결정은 그 **고시일 다음 날부터** 그 **효력을 잃는다.**
④ 공익상 그 구역 안에서의 사업시행이 불가피한 것으로서 **주민의 요청**에 의하여 **시·도지사**가 시가화조정구역의 지정목적 달성에 지장이 없다고 인정한 도시·군계획사업은 시가화조정구역에서 시행할 수 있다.
⑤ 시가화조정구역에서 입목의 벌채, 조림, 육림 행위는 **허가 없이** 할 수 있다.

해설 ① 시가화조정구역은 도시·군관리계획으로 결정하여 지정한다.
③ 시가화조정구역은 시가화유보기간이 끝난 날의 다음 날부터 그 효력을 잃는다.
④ 시가화조정구역에서의 도시·군계획사업은 국방상 또는 공익상 시가화조정구역 안에서의 사업시행이 불가피한 것으로서 관계 중앙행정기관의 장의 요청에 의하여 국토교통부장관이 시가화조정구역의 지정목적달성에 지장이 없다고 인정하는 사업만 시행할 수 있다.
⑤ 시가화조정구역에서는 입목의 벌채, 조림, 육림 등 경미한 행위라도 허가를 받아야 한다.

정답 ②

---

051 국토의 계획 및 이용에 관한 법령상 해당 구역으로 지정되면 「건축법」 제69조에 따른 특별건축구역으로 지정된 것으로 보는 구역을 모두 고른 것은?

제35회 공인중개사

| ㉠ 도시혁신구역 | ㉡ 복합용도구역 |
| ㉢ 시가화조정구역 | ㉣ 도시자연공원구역 |

① ㉠
② ㉠, ㉡
③ ㉢, ㉣
④ ㉡, ㉢, ㉣
⑤ ㉠, ㉡, ㉢, ㉣

해설 ㉠ 도시혁신구역으로 지정된 지역은 「건축법」에 따른 특별건축구역으로 지정된 것으로 본다.
㉡ 복합용도구역으로 지정된 지역은 「건축법」에 따른 특별건축구역으로 지정된 것으로 본다.

정답 ②

---

052 국토의 계획 및 이용에 관한 법령상 용도지역·용도지구·용도구역에 관한 설명으로 옳은 것은? (단, 조례는 고려하지 않음)

제33회 공인중개사

① 대도시 시장은 유통**상업지역**에 **복합용도지구**를 지정할 수 있다.
② 대도시 시장은 **재해**의 반복 발생이 우려되는 지역에 대해서는 **특정용도제한지구**를 지정하여야 한다.
③ 용도지역 안에서의 건축물의 용도·종류 및 규모의 제한**에 대한 규정**은 도시·군계획시설**에 대해서도 적용된다.**
④ 공유수면의 매립 목적이 그 **매립구역**과 이웃하고 있는 용도지역의 내용과 다른 경우 그 매립준공구역은 이와 이웃하고 있는 용도지역으로 지정된 것으로 **본다.**
⑤ 「택지개발촉진법」에 따른 **택지개발지구**로 지정·고시된 지역은 「국토의 계획 및 이용에 관한 법률」에 따른 **도시지역으로 결정·고시된 것으로 본다.**

해설 ① 복합용도지구는 일반주거지역·일반공업지역·계획관리지역에 지정하며, 유통상업지역은 복합용도지구의 지정대상이 아니다.
② 재해의 반복 발생이 우려되는 지역에 대해서는 방재지구를 지정하며, 특정용도제한지구는 주거 및 교육 환경 보호나 청소년 보호 등의 목적으로 오염물질 배출시설, 청소년 유해시설 등 특정시설의 입지를 제한할 필요가 있는 지역에 지정한다.
③ 용도지역·용도지구 안에서의 건축물의 용도·종류 및 규모의 제한에 대한 규정을 도시·군계획시설에 대하여는 적용하지 아니한다.
④ 공유수면의 매립 목적이 그 매립구역과 이웃하고 있는 용도지역의 내용과 다른 경우 그 매립구역이 속할 용도지역은 도시·군관리계획결정으로 지정하여야 한다.

정답 ⑤

053 국토의 계획 및 이용에 관한 법령상 용도지역 및 용도구역에서의 행위제한에 관한 설명으로 옳은 것은?

제22회 공인중개사

① 도시지역, 관리지역, 농림지역 또는 자연환경보전지역으로 용도가 **지정되지 아니한** 지역에 대하여는 도시지역에 관한 규정을 적용한다.

② 도시지역이 세부 용도지역으로 **지정되지 아니한** 경우에는 생산녹지지역에 관한 규정을 적용한다.

③ 관리지역이 세부 용도지역으로 **지정되지 아니한** 경우에는 **보전**관리지역에 관한 규정을 적용한다.

④ 시가화조정구역에서의 도시·군계획사업은 「도시개발법」에 의한 민간제안 도시개발사업만 시행할수 있다.

⑤ 시가화조정구역에서는 도시·군계획사업에 의한 행위가 아닌 경우 모든 개발행위를 허가할 수 없다.

> **해설** ① 도시지역 ⇨ 자연환경보전지역
> ② 생산녹지지역 ⇨ 보전녹지지역
> ④ 국방상 또는 공익상 시가화조정구역안에서의 사업시행이 불가피한 것으로서 관계 중앙행정기관의 장의 요청에 의하여 국토교통부장관이 시가화조정구역의 지정목적달성에 지장이 없다고 인정하는 도시·군계획사업에 한하여 할 수 있다.
> ⑤ 농업용 건축물 등 개발행위는 허가를 받아서 할 수 있다.

> **정답** ③

054 A시에서 甲이 소유하고 있는 1,000m²의 대지는 제1종 일반주거지역에 800m², 제2종 일반주거지역에 200m²씩 걸쳐있다. 甲이 대지위에 건축할 수 있는 **최대연면적이 1,200m²**일 때, A시의 조례에서 정하고 있는 제1종 일반주거지역의 용적률은? (다만, 조례상 제2종 일반주거지역의 용적률은 200%이며, 기타 건축제한은 고려하지 않음)

제21회 공인중개사

① 100%   ② 120%   ③ 150%
④ 180%   ⑤ 200%

> **해설** 최대연면적이 1,200m² 중 제2종 일반주거지역에서 산정되는 연면적은 400m²(= 200m² × 200%)이므로 제1종 일반주거지역의 연면적은 800m²이다. 따라서 제1종 일반주거지역의 용적률은 100%(= 800m² ÷ 800m² × 100)이다.

> **정답** ①

제6절 **도시·군계획시설**

055 국토의 계획 및 이용에 관한 법령상 도시·군계획시설(이하 '시설'이라 함)에 관한 설명으로 옳은 것은?

제35회 공인중개사

① 시설결정의 고시일부터 10년 이내에 **실시계획의 인가**만 있고 시설사업이 진행되지 아니하는 경우 그 부지의 소유자는 그 토지의 **매수를 청구할 수 있다.**

② 공동구가 설치된 경우 쓰레기수송관은 **공동구협의회의 심의**를 거쳐야 공동구에 수용할 수 있다.

③ 「택지개발촉진법」에 따른 택지개발지구가 **200만제곱미터**를 **초과**하는 경우에는 **공동구를 설치하여야** 한다.

④ **시설결정**의 고시일부터 **20년**이 지날 때까지 시설사업이 시행되지 아니하는 경우 그 시설결정은 20년이 **되는 날**에 **효력을 잃는다.**

⑤ 시설결정의 고시일부터 10년 이내에 시설사업이 시행되지 아니하는 경우 그 부지 내에 건물만을 소유한 자도 시설결정 해제를 위한 도시·군관리계획 입안을 신청할 수 있다.

> **해설** ① 시설결정의 고시일부터 10년 이내에 실시계획의 인가만 있고 시설사업이 진행되지 아니하는 경우 그 부지의 소유자는 그 토지의 매수를 청구할 수 없다.
> ② 공동구가 설치된 경우 하수도관, 가스관은 공동구협의회의 심의를 거쳐야 공동구에 수용할 수 있다.
> ④ 도시·군계획시설결정이 고시된 도시·군계획시설에 대하여 그 고시일부터 20년이 지날 때까지 그 시설의 설치에 관한 도시·군계획시설사업이 시행되지 아니하는 경우 그 도시·군계획시설결정은 그 고시일부터 20년이 되는 날의 다음날에 그 효력을 잃는다.
> ⑤ 시설결정의 고시일부터 10년 이내에 그 시설의 설치에 관한 시설사업이 시행되지 아니한 경우로서 단계별 집행계획상 해당 시설의 실효 시까지 집행계획이 없는 경우에는 그 시설 부지로 되어 있는 토지의 소유자는 대통령령으로 정하는 바에 따라 해당 시설에 대한 도시·군관리계획 입안권자에게 그 토지의 시설결정 해제를 위한 도시·군관리계획 입안을 신청할 수 있다. 건물만 소유한 자는 신청할 수 없다.

> **정답** ③

056 국토의 계획 및 이용에 관한 법령상 도시 · 군관리계획시설에 관한 설명으로 옳은 것은? 제28회 공인중개사

① 도시 · 군계획시설결정의 고시일부터 **5년** 이내에 도시 · 군계획시설사업이 시행되지 아니하는 경우 그 도시 · 군계획시설의 부지 중 지목이 대(垈)인 토지의 소유자는 그 토지의 **매수**를 **청구**할 수 있다.

② 도시개발구역의 규모가 150만㎡인 경우 해당 구역의 개발사업 시행자는 **공동구를 설치하여야 한다.**

③ 공동구가 설치된 경우 **하수도관**은 공동구협의회의 **심의를 거쳐 공동구에 수용**할 수 있다.

④ 공동구관리자는 매년 해당 **공동구의 안전 및 유지관리계획**을 수립 · 시행하여야 한다.

⑤ **도시 · 군계획시설결정**은 고시일부터 **10년** 이내에 도시 · 군계획시설사업이 시행되지 아니하는 경우 그 고시일부터 **10년**이 되는 날의 **다음날**에 그 **효력**을 **잃는다.**

[해설] ① 5년 ⇨ 10년, ② 200㎡ 초과하는 경우 공동구를 설치하여야 한다. ④ 매년 ⇨ 5년, ⑤ 10년 ⇨ 20년

[정답] ③

057 국토의 계획 및 이용에 관한 법령상 도시 · 군계획시설사업의 시행 등에 관한 설명으로 **틀린** 것은? 제28회 공인중개사

① **지방자치단체**가 직접 시행하는 경우에는 이행**보증금**을 예치하여야 한다.

② 광역시장이 단계별집행계획을 수립하고자 하는 때에는 미리 관계 행정기관의 장과 협의하여야 하며, 해당 지방의회의 의견을 들어야 한다.

③ **둘 이상의 시 또는 군**의 관할 구역에 걸쳐 시행되는 도시 · 군계획시설사업이 **광역도시계획과 관련**된 경우, **도지사**는 관계 시장 또는 군수의 의견을 들어 **직접 시행**할 수 있다.

④ 시행자는 도시 · 군계획시설사업을 효율적으로 추진하기 위하여 필요하다고 인정되면 사업시행대상지역을 둘 이상으로 **분할하여** 시행할 수 **있다.**

⑤ 행정청인 시행자는 이해관계인의 주소 또는 거소(居所)가 불분명하여 서류를 **송달**할 수 없는 경우 그 서류의 송달을 갈음하여 그 내용을 **공시**할 수 있다.

[해설] 지방자치단체는 이행보증금을 예치할 필요가 없다.

[정답] ①

058 국토의 계획 및 이용에 관한 법령상 광역계획권과 광역시설에 관한 설명으로 **틀린** 것은? 제28회 공인중개사

① **국토교통부장관**은 인접한 둘 이상의 **특별시 · 광역시 · 특별자치시**의 관할 구역 전부 또는 일부를 **광역계획권**으로 **지정**할 수 있다.

② 광역시설의 설치 및 관리는 공동구의 설치에 관한 규정에 따른다.

③ 봉안시설, 도축장은 광역시설이 될 수 있다.

④ 관계 특별시장 · 광역시장 · 특별자치시장 · 특별자치도지사는 **협약**을 체결하거나 **협의회** 등을 구성하여 광역시설을 설치 · 관리**할 수 있다.**

⑤ 국가계획으로 설치하는 광역시설은 그 광역시설의 설치 · 관리를 사업목적 또는 사업종목으로 하여 다른 법률에 따라 설립된 **법인**이 설치 · 관리**할 수 있다.**

[해설] 광역시설의 설치 및 관리는 도시 · 군계획시설의 설치 및 관리에 관한 규정에 의한다.

[정답] ②

059 국토의 계획 및 이용에 관한 법령상 도시 · 군계획시설사업에 관한 설명으로 **틀린** 것은? 제27회 공인중개사

① **도시 · 군관리계획으로** 결정된 **하천**의 정비사업은 **도시 · 군계획시설**사업에 해당한다.

② **한국토지주택공사**가 도시 · 군계획시설사업의 **시행자**로 **지정**받으려면 사업 대상 토지 면적의 3분의 2 이상의 토지소유자의 **동의**를 얻어야 한다.

③ 도시 · 군계획시설사업의 시행자는 도시 · 군계획시설사업에 필요한 토지나 건축물을 수용할 수 있다.

④ **행정청**인 도시 · 군계획시설사업의 시행자가 도시 · 군계획시설사업에 의하여 새로 공공시설을 설치한 경우 **새로** 설치된 공공시설은 그 시설을 관리할 관리청에 **무상**으로 **귀속**된다.

⑤ **도시 · 군계획시설결정**의 고시일로부터 20년이 지날 때까지 그 시설의 설치에 관한 도시 · 군계획시설사업이 시행되지 아니하는 경우, 그 도시 · 군계획시설결정은 그 고시일로부터 **20년**이 되는 날의 **다음날**에 **효력**을 잃는다.

해설 공공시행자를 지정하는 경우 동의를 받을 필요가 없다.

정답 ②

060 국토의 계획 및 이용에 관한 법령상 도시·군계획시설사업(이하 "사업")에 관한 설명으로 틀린 것은?

제23회 공인중개사

① 같은 도의 관할 구역에 속하는 둘 이상의 시·군에 걸쳐 시행되는 사업의 시행자를 정함에 있어 관계 시장·군수가 협의가 성립되지 않는 경우에는 관할 도지사가 시행자를 지정한다.

② 도지사는 광역도시계획과 관련되는 경우 관계 시장 또는 군수의 의견을 들어 직접사업을 시행할 수 있다.

③ 시행자는 사업을 효율적으로 추진하기 위하여 필요하다고 인정되면 사업시행대상지역을 분할하여 시행할 수 있다.

④ 도시·군관리계획결정을 고시한 경우 사업에 필요한 국·공유지는 그 도시·군관리계획으로 정하여진 목적 외의 목적으로 양도할 수 없다.

⑤ 한국토지주택공사가 사업의 시행자로 지정을 받으려면 사업대상인 사유토지의 소유자 총수의 2분의 1 이상의 동의를 받아야 한다.

해설 한국토지주택공사는 동의를 받을 필요가 없다.

정답 ⑤

061 국토의 계획 및 이용에 관한 법령상 도시·군계획시설사업에 관한 설명으로 틀린 것은?

제32회 공인중개사

① 도시·군계획시설은 기반시설 중 도시·군관리계획으로 결정된 시설이다.

② 도시·군계획시설사업이 같은 도의 관할 구역에 속하는 둘 이상의 시 또는 군에 걸쳐 시행되는 경우에는 국토교통부장관이 시행자를 정한다.

③ 한국토지주택공사는 도시·군계획시설사업 대상 토지소유자 동의 요건을 갖추지 않아도 도시·군계획시설사업의 시행자로 지정을 받을 수 있다.

④ 도시·군계획시설사업 실시계획에는 사업의 착수예정일 및 준공예정일도 포함되어야 한다.

⑤ 도시·군계획시설사업 실시계획 인가 내용과 다르게 도시·군계획시설사업을 하여 토지의 원상회복 명령을 받은 자가 원상회복을 하지 아니하면 행정대집행법에 따른 행정대집행에 따라 원상회복을 할 수 있다.

해설 도시·군계획시설사업이 같은 도의 관할 구역에 속하는 둘 이상의 시 또는 군에 걸쳐 시행되는 경우에는 시장 또는 군수가 협의하여 시행자를 정한다. 협의가 성립되지 아니하는 경우 관할 도지사가 시행자를 지정한다.

정답 ②

062 국토의 계획 및 이용에 관한 법령상 도시·군계획시설사업의 시행에 관한 설명으로 옳은 것은? 제34회 공인중개사

① 「도시 및 주거환경정비법」에 따라 **도시·군관리계획의 결정이 의제되는 경우**에는 해당 도시·군계획시설결정의 고시일부터 3개월 이내에 도시·군계획시설에 대하여 단계별 집행계획을 수립하여야 한다.

② 5년 이내에 시행하는 도시·군계획시설사업은 단계별 집행계획 중 제1단계 집행계획에 포함되어야 한다.

③ **한국토지주택공사**가 도시·군계획시설사업의 **시행자로 지정**을 받으려면 토지소유자 총수의 3분의 2 이상에 해당하는 자의 **동의**를 얻어야 한다.

④ 국토교통부장관은 국가계획과 관련되거나 그 밖에 특히 필요하다고 인정되는 경우에는 관계 특별시장·광역시장·특별자치시장·특별자치도지사·시장 또는 군수의 의견을 들어 직접 도시·군계획시설사업을 시행할 수 있다.

⑤ 사업시행자는 도시·군계획시설사업 대상시설을 둘 이상으로 **분할하여** 도시·군계획시설사업을 시행하여서는 아니 된다.

> **해설** ① 도시·군관리계획의 결정이 의제되는 경우에는 해당 도시·군계획시설결정의 고시일부터 2년 이내에 단계별 집행계획을 수립할 수 있다.
> ② 3년 이내에 시행하는 도시·군계획시설사업은 단계별 집행계획 중 제1단계 집행계획에 포함되어야 한다.
> ③ 민간에 해당하는 자가 도시·군계획시설사업의 시행자로 지정을 받으려면 토지(국·공유지를 제외)면적의 3분의 2 이상에 해당하는 토지를 소유하고, 토지소유자 총수의 2분의 1 이상에 해당하는 자의 동의를 얻어야 한다. 한국토지주택공사는 동의를 받을 필요가 없다.
> ⑤ 분할하여 시행할 수 있다.
>
> **정답** ④

063 국토의 계획 및 이용에 관한 법령상 도시·군계획시설사업과 관련하여 허용되지 <u>않는</u> 것은? 제22회공인중개사

① 「지방공기업법」에 의한 지방공사 및 지방공단을 사업시행자로 지정하는 것

② 기반시설의 설치를 조건으로 도시·군계획시설사업에 관한 실시계획을 인가하는 것

③ 도시·군계획시설사업을 분할시행하면서 분할된 지역별로 실시계획을 작성하는 것

④ 행정청이 아닌 사업시행자의 처분에 대하여 그 사업시행자를 피청구인으로 하여 행정심판을 제기하는 것

⑤ 사업시행자가 도시·군계획시설사업에 관한 조사·측량을 위해 토지의 소유자·점유자 또는 관리인의 동의를 받아 타인의 토지를 임시통로로 일시사용하는 것

> **해설** 행정청이 아닌 시행자의 처분에 대하여는 그 시행자를 지정한 자에게 행정심판을 제기하여야 한다.
>
> **정답** ④

064 국토의 계획 및 이용에 관한 법령상 도시·군계획시설에 관한 설명으로 옳은 것은? 제26회 공인중개사

① 도시지역에서 **사회복지시설**을 설치하려면 미리 **도시·군관리계획**으로 **결정하여야 한다.**

② 도시·군계획시설부지에 대한 **매수청구의 대상**은 지목이 대(垈)인 토지에 한정되며, 그 토지에 있는 **건축물**은 **포함되지 않는다.**

③ 용도지역 안에서의 건축물의 용도·종류 및 규모의 제한**에 대한 규정**은 도시·군계획시설**에 대해서도 적용된다.**

④ **도시·군계획시설 부지**에서 도시·군관리계획을 입안하는 경우에는 그 계획의 입안을 위한 **토지적성평가**를 실시하지 **아니할 수 있다.**

⑤ 도시·군계획시설사업의 시행자가 행정청인 경우 시행자의 처분에 대해서는 **행정심판을 제기할 수 없다.**

[해설] ① 사회복지시설은 도시·군관리계획의 결정이 없이 설치가 가능한 시설이다.
② 건축물·정착물의 소유자도 매수청구가 가능하다.
③ 도시·군계획시설에 대해서는 용도지역·지구에서의 행위제한이 적용되지 아니한다.
⑤ 도시·군계획시설사업의 시행자의 처분에 대해서는 행정심판의 제기가 가능하다.

[정답] ④

065 국토의 계획 및 이용에 관한 법령상 도시·군계획시설사업에 관한 측량을 위하여 행하는 토지에 출입 등에 관한 설명 중 옳은 것은? 　　제17회 공인중개사

① 행정청인 도시·군계획시설사업의 시행자는 **상급행정청의 승인**을 받아 **타인의 토지에 출입**할 수 있다.
② 타인의 토지를 **일시 사용**하고자 하는 자는 토지를 사용하고자 하는 날의 **5일** 전까지 그 토지의 소유자·점유자 또는 관리인에게 **통지**하여야 한다.
③ 타인의 토지에 출입하고자 하는 자는 그 권한을 표시하는 증표와 허가증을 지니고 이를 관계인에게 내보여야 한다.
④ 타인의 토지에의 출입으로 손실이 발생한 경우 그 **행위자**가 직접 그 **손실을 보상**하여야 한다.
⑤ 허가를 받지 아니하고 타인의 토지에 출입한 자에 대하여는 1년 이하의 징역 또는 1천만원 이하의 벌금에 처한다.

[해설] ① 행정청 허가 없이 토지에 출입할 수 있다.
② 5일 ⇨ 3일
④ 행위자가 속한 행정청이 보상하여야 한다.
⑤ 1천만원 이하의 과태료에 처한다.

[정답] ③

066 국토의 계획 및 이용에 관한 법령상 도시·군계획시설사업 시행을 위한 타인의 토지에의 출입 등에 관한 설명으로 옳은 것은? 　　제34회 공인중개사

① 타인의 토지에 **출입**하려는 행정청인 사업시행자는 출입하려는 날의 **7일** 전까지 그 토지의 소유자·점유자 또는 관리인에게 그 일시와 장소를 알려야 한다.
② 토지의 소유자·점유자 또는 관리인의 동의 없이 타인의 토지를 재료 적치장 또는 임시통로로 일시 사용한 사업시행자는 사용한 날부터 14일 이내에 시장 또는 군수의 허가를 받아야 한다.
③ 토지 점유자가 승낙하지 않는 경우에도 사업시행자는 시장 또는 군수의 허가를 받아 **일몰 후**에 울타리로 둘러싸인 타인의 토지에 **출입할 수 있다**.
④ 토지에의 출입에 따라 손실을 입은 자가 보상에 관하여 국토교통부장관에게 조정을 신청하지 아니하는 경우에는 관할 토지수용위원회에 **재결을 신청할 수 없다**.
⑤ 사업시행자가 **행정청**인 경우라도 **허가**를 받지 아니하면 타인의 토지에 출입할 수 없다.

[해설] ② 소유자·점유자 또는 관리인의 동의를 받을 수 없는 경우 행정청인 시행자는 시장·군수 등에게 그 사실을 통지하여야 하며, 행정청이 아닌 시행자는 미리 시장·군수 등의 허가를 받아야 한다.
③ 일출 전이나 일몰 후에는 그 토지 점유자의 승낙 없이 울타리로 둘러싸인 타인의 토지에 출입할 수 없다.
④ 보상에 관한 협의가 성립되지 아니하거나 협의를 할 수 없는 경우에는 관할 토지수용위원회에 재결을 신청할 수 있다.
⑤ 행정청인 도시·군계획시설사업의 시행자는 허가를 받지 아니하고 타인의 토지에 출입할 수 있다.

[정답] ①

067 국토의 계획 및 이용에 관한 법령상 매수의무자인 지방자치단체가 매수청구를 받은 장기미집행 도시·군계획시설 부지 중 지목이 대(垈)인 토지를 매수할 때에 관한 설명으로 틀린 것은? 　　제25회 공인중개사

① 토지 소유자가 원하면 **도시·군계획시설채권**을 발행하여 매수대금을 지급할 수 있다.

② **도시·군계획시설채권**의 **상환기간**은 **10년** 이내에서 정해진다.

③ 매수 청구된 토지의 매수**가격**·매수절차 등에 관하여 「국토의 계획 및 이용에 관한 법률」에 특별한 규정이 있는 경우 외에는 「**공익사업**을 위한 토지 등의 취득 및 보상에 관한 법률」을 준용한다.

④ 비업무용 토지로서 매수대금이 2천만원을 초과하는 경우 매수의무자는 그 초과하는 금액에 대해서 도시·군계획 시설채권을 발행하여 지급할 수 있다.

⑤ 매수의무자가 매수하기로 결정한 토지는 매수 결정을 알린 날부터 **2년**이내에 **매수**하여야 한다.

해설 2천만원 ⇨ 3천만원
정답 ④

068 국토의 계획 및 이용에 관한 법령상 도시·군계획시설부지의 매수청구에 관한 설명으로 틀린 것은? (단, 토지는 지목이 대(垈)이며, 조례는 고려하지 않음) 　　제26회 공인중개사

① 매수의무자가 매수하기로 결정한 토지는 매수결정을 알린 날부터 **3년** 이내에 **매수**하여야 한다.

② **지방자치단체**가 매수의무자인 경우에는 토지소유자가 원하는 경우에 **채권**을 발행하여 매수대금을 지급할 수 있다.

③ **도시·군계획시설채권**의 **상환기간**은 **10년** 이내로 한다.

④ 매수청구를 한 토지의 소유자는 매수의무자가 매수하지 아니하기로 결정한 경우에는 개발행위허가를 받아서 공작물을 설치할 수 있다.

⑤ 해당 도시·군계획시설사업의 시행자가 정하여진 경우 그 시행자에게 토지의 매수를 청구할 수 있다.

해설 3년 ⇨ 2년
정답 ①

069 甲 소유의 토지는 A광역시 B구에 소재한 지목이 대(垈)인 토지로서 **한국토지주택공사**를 사업시행자로 하는 도시·군계획시설 부지이다. 甲의 토지에 대해 국토의 계획 및 이용에 관한 법령상 도시·군계획시설 부지의 매수청구권이 인정되는 경우, 이에 관한 설명으로 옳은 것은? (단, 도시·군계획시설의 설치의무자는 사업시행자이며, 조례는 고려하지 않음) 　제27회 공인중개사

① 甲의 토지의 **매수의무자**는 B구청장이다.

② 甲이 **매수청구**를 할 수 있는 **대상**은 토지이며, 그 토지에 있는 **건축물**은 **포함되지 않는다**.

③ 甲이 원하는 경우 매수의무자는 **도시·군계획시설채권**을 발행하여 그 대금을 지급할 수 있다.

④ 매수의무자는 매수청구를 받은 날부터 **6개월** 이내에 매수여부를 결정하여 甲과 A광역시장에게 **알려야 한다**.

⑤ 매수청구에 대해 매수의무자가 매수하지 아니하기로 결정한 경우 甲은 자신의 토지에 2층의 **다세대주택**을 건축할 수 있다.

해설 ① 시행자인 한국토지주택공사에게 매수청구할 수 있다.
② 토지에 있는 건축물 및 정착물을 포함한다.
③ 매수의무자가 지방자치단체인 경우에 도시·군계획시설채권을 발행할 수 있다.
⑤ 3층 이하의 단독주택이 허용된다.
정답 ④

070 국토의 계획 및 이용에 관한 법령상 도시·군계획시설에 관한 설명으로 **틀린** 것은? (단, 조례는 고려하지 않음) 제32회 공인중개사

① 도시·군계획시설 부지의 매수의무자인 **지방공사**는 **도시·군계획시설채권**을 발행하여 그 대금을 지급할 수 있다.

② 도시·군계획시설 부지의 매수의무자는 매수하기로 결정한 토지를 매수 결정을 알린 날부터 **2년** 이내에 **매수하여야 한다.**

③ **200만제곱미터**를 초과하는 도시개발법에 따른 도시개발구역에서 개발사업을 시행하는 자는 **공동구**를 설치하여야 한다.

④ 국가계획으로 설치하는 **광역시설**은 그 광역시설의 설치·관리를 사업종목으로 하여 다른 법에 따라 설립된 **법인**이 설치·관리할 수 있다.

⑤ **도시·군계획시설채권**의 **상환기간**은 **10년** 이내로 한다.

해설 도시·군계획시설채권은 매수의무자가 지방자치단체인 경우에 발행할 수 있다.
정답 ①

071 국토의 계획 및 이용에 관한 법령상 도시·군계획시설에 관한 설명이다. (   )안에 들어갈 내용을 바르게 나열한 것은? 제30회 공인중개사

도시·군계획시설결정이 고시된 도시·군계획시설에 대하여 그 고시일부터 (㉠)년이 지날 때까지 그 시설의 설치에 관한 도시·군계획시설사업이 시행되지 아니하는 경우 그 도시·군계획시설결정은 그 고시일부터 (㉠)년이 (㉡)에 그 **효력을 잃는다.**

① ㉠: 10, ㉡: 되는 날
② ㉠: 20, ㉡: 되는 날
③ ㉠: 10, ㉡: 되는 날의 다음날
④ ㉠: 15, ㉡: 되는 날의 다음날
⑤ ㉠: 20, ㉡: 되는 날의 다음날

해설 20년이 지날 때까지 도시·군계획시설사업이 시행되지 아니하는 경우, 20년이 되는 날의 다음날에 효력을 잃는다.
정답 ⑤

제7절 지구단위계획

072 국토의 계획 및 이용에 관한 법령상 아래 내용을 뜻하는 용어는? 제30회 공인중개사

도시·군계획 수립 대상지역의 일부에 대하여 토지이용을 합리화하고 그 기능을 증진시키며 미관을 개선하고 양호한 환경을 확보하며, 그 지역을 체계적·계획적으로 관리하기 위하여 수립하는 도시·군관리계획

① 일부관리계획   ② 지구단위계획
③ 도시·군기본계획   ④ 시가화조정구역계획
⑤ 도시혁신계획

해설 지구단위계획에 대한 설명이다.
정답 ②

073 국토의 계획 및 이용에 관한 법령상 지구단위계획구역에 관한 설명으로 옳은 것은? 제24회 공인중개사

① 「주택법」에 따라 **대지조성사업지구**로 지정된 지역의 전부에 대하여 **지구단위계획구역**을 **지정할 수는 없다.**

② 지구단위계획구역의 결정은 도시·군관리계획으로 하여야 하나, 지구단위계획의 결정은 그러하지 아니한다.

③ 지구단위계획구역은 도시지역이 아니더라도 지정될 수 있다.

④ 「도시개발법」에 따라 지정된 20만제곱미터의 도시개발구역에서 개발사업이 끝난 후 **10년**이 지난 지역은 **지구단위계획구역**으로 **지정하여야 한다.**

⑤ 도시지역 내에 지정하는 지구단위계획에 대해서는 당해 지역에 적용되는 건폐율의 **200퍼센트** 이내에서 **건폐율**을 완화하여 적용할 수 있다.

해설 ① 대지조성사업지구로 지정된 지역의 전부 또는 일부에 대하여 지구단위계획구역을 지정할 수 있다.
② 지구단위계획구역 및 지구단위계획 모두 도시·군관리계획으로 결정한다.
④ 정비구역 및 택지개발지구에서 사업이 끝난 후 10년이 지난 지역은 지구단위계획구역으로 지정하여야 한다.

⑤ 건폐율의 완화는 150퍼센트를 초과할 수 없다.

정답 ③

074 국토의 계획 및 이용에 관한 법령상 지구단위계획에 관한 설명으로 틀린 것은? 제27회 공인중개사

① 지구단위계획은 도시·군관리계획으로 결정한다.

② 두 개의 노선이 교차하는 대중교통 결절지로부터 2km 이내에 위치한 지역은 **지구단위계획구역**으로 **지정하여야 한다.**

③ 시·도지사는 「도시개발법」에 따라 지정된 도시개발구역의 전부 또는 일부에 대하여 **지구단위계획구역을 지정할 수 있다.**

④ 지구단위계획의 **수립기준**은 **국토교통부장관**이 정한다.

⑤ 「택지개발촉진법」에 따라 지정된 **택지개발지구**에서 시행되는 사업이 끝난 후 **10년**이 지난 지역으로서 관계 법률에 따른 이용과 건축에 관한 계획이 수립되어 있지 않은 지역은 **지구단위계획구역**으로 **지정하여야 한다.**

해설 세 개 이상의 노선이 교차하는 대중교통 결절지로부터 1킬로미터 이내에 위치한 지역에 지구단위계획구역을 지정할 수 있다.

정답 ②

075 국토의 계획 및 이용에 관한 법령상 지구단위계획구역과 지구단위계획에 관한 설명으로 틀린 것은? (단, 조례는 고려하지 않음) 제32회 공인중개사

① 지구단위계획이 수립되어 있는 지구단위계획구역에서 공사기간 중 이용하는 공사용 **가설건축물**을 건축하려면 그 **지구단위계획에 맞게** 하여야 한다.

② 지구단위계획은 해당 용도지역의 특성을 고려하여 수립한다.

③ 시장 또는 군수가 입안한 **지구단위계획구역**의 지정·변경에 관한 도시·군관리계획은 **시장 또는 군수가 직접 결정**한다.

④ 지구단위계획구역 및 지구단위계획은 도시·군관리계획으로 결정한다.

⑤ 관광진흥법에 따라 지정된 **관광단지**의 전부 또는 일부에 대하여 **지구단위계획구역을 지정할 수 있다.**

해설 지구단위계획구역에서 건축물을 건축 또는 용도변경하거나 공작물을 설치하려면 그 지구단위계획에 맞게 하여야 한다. 다만, 일정 기간 내 철거가 예상되는 경우 등 대통령령으로 정하는 다음의 가설건축물은 제외한다.

> 1. 존치기간(연장된 존치기간을 포함)이 3년의 범위에서 해당 특별시·광역시·특별자치시·특별자치도·시 또는 군의 도시·군계획조례로 정한 존치기간 이내인 가설건축물
> 2. 재해복구기간 중 이용하는 재해복구용 가설건축물
> 3. 공사기간 중 이용하는 공사용 가설건축물

정답 ①

076 국토의 계획 및 이용에 관한 법령상 지구단위계획구역의 지정에 관한 설명으로 옳은 것은? (단, 조례는 고려하지 않음) 제34회 공인중개사

① 「산업입지 및 개발에 관한 법률」에 따른 **준산업단지**에 대하여는 **지구단위계획구역을 지정할 수 없다.**

② 도시지역 내 복합적인 토지 이용을 증진시킬 필요가 있는 지역으로서 지구단위계획구역을 지정할 수 있는 지역에 일반공업지역은 해당하지 않는다.

③ 「택지개발촉진법」에 따라 지정된 **택지개발지구**에서 시행되는 사업이 끝난 후 **5년**이 지나면 해당 지역은 지구단위계획구역으로 **지정하여야 한다.**

④ 도시지역 외의 지역을 지구단위계획구역으로 지정하려면 지정하려는 구역 면적의 3분의 2 이상이 계획관리지역이어야 한다.

⑤ **농림지역**에 위치한 **산업·유통개발진흥지구**는 지구단위계획구역으로 지정할 수 있는 대상지역에 포함되지 않는다.

해설 ① 준산업단지에 대하여 지구단위계획구역을 지정할 수 있다.
③ 택지개발지구에서 시행되는 사업이 끝난 후 10년이 지역은 지구단위계획구역으로 지정하여야 한다.
④ 3분의 2 이상 ⇨ 100분의 50 이상
⑤ 계획관리지역, 생산관리지역, 농림지역에 위치한 산업·유통개발진흥지구에 지구단위계획구역을 지정할 수 있다.

정답 ②

077 국토의 계획의 및 이용에 관한 법령상 지구단위계획의 내용에 반드시 포함되어야 하는 사항이 <u>아닌</u> 것은?

제21회 공인중개사

① 건축선에 관한 계획
② 건축물의 건폐율 또는 용적률
③ 건축물 높이의 최고한도 또는 최저한도
④ 건축물의 용도제한
⑤ 기반시설의 배치와 규모

해설 건축선은 의무적 포함사항이 아니다.

정답 ①

078 국토의 계획 및 이용에 관한 법령상 도시 · 군관리계획결정의 실효에 관한 설명이다. (   )에 들어갈 공통된 숫자로 옳은 것은?

제34회 공인중개사

> **지구단위계획**(주민이 입안을 제안한 것에 한정한다)에 관한 도시 · 군관리계획결정의 고시일부터 (   )년 이내에 「국토의 계획 및 이용에 관한 법률」 또는 다른 법률에 따라 허가 · 인가 · 승인 등을 받아 사업이나 공사에 착수하지 아니하면 그 (   )년이 된 날의 다음날에 그 지구단위계획에 관한 도시 · 군관리계획결정은 **효력을 잃는다.**

① 2   ② 3   ③ 5
④ 10   ⑤ 20

해설 지구단위계획(주민이 입안을 제안한 것에 한정한다)에 관한 도시 · 군관리계획결정의 고시일부터 5년 이내에 이 법 또는 다른 법률에 따라 허가 · 인가 · 승인 등을 받아 사업이나 공사에 착수하지 아니하면 그 5년이 된 날의 다음날에 그 지구단위계획에 관한 도시 · 군관리계획결정은 효력을 잃는다.

정답 ③

079 국토의 계획 및 이용에 관한 법령상 개발행위허가(이하 '허가'라 함)에 관한 설명으로 옳은 것은?

제35회 공인중개사

① **도시 · 군계획사업**에 의하여 10층 이상의 건축물을 건축하려는 경우에는 **허가를 받아야 한다.**
② 건축물의 건축에 대한 허가를 받은 자가 그 건축을 완료하고 「건축법」에 따른 건축물의 사용승인을 받은 경우 허가권자의 준공검사를 받지 않아도 된다.
③ 허가를 받은 건축물의 연면적을 **5퍼센트** 범위에서 **축소**하려는 경우에는 허가권자에게 미리 **신고**하여야 한다.
④ 허가의 신청이 있는 경우 특별한 사유가 없으면 도시계획위원회의 심의 또는 기타 협의 기간을 포함하여 15일 이내에 허가 또는 불허가의 처분을 하여야 한다.
⑤ 국토교통부장관이 지구단위계획구역으로 지정된 지역에 대하여 허가의 제한을 **연장**하려면 중앙도시계획위원회의 **심의**를 거쳐야 한다.

해설 ① 도시 · 군계획사업에 의한 행위는 개발행위허가의 대상이 아니다.
③ 허가를 받은 건축물의 연면적을 5퍼센트 범위에서 축소하려는 경우에는 허가권자에게 미리 통지하여야 한다.
④ 허가의 신청이 있는 경우 특별한 사유가 없으면 도시계획위원회의 심의 또는 기타 협의 기간을 제외한 15일 이내에 허가 또는 불허가의 처분을 하여야 한다.
⑤ 개발행위허가의 제한을 연장하는 경우에는 도시계획위원회의 심의를 거치지 아니한다.

정답 ②

080 국토의 계획 및 이용에 관한 법령상 개발행위의 허가에 관한 설명으로 옳은 것은? 제24회 공인중개사

① 전·답 사이의 지목변경을 수반하는 경작을 위한 토지의 형질변경은 개발행위**허가**의 **대상**이 **아니다.**

② 개발행위허가를 받은 사업면적을 5퍼센트 범위 안에서 **축소**하거나 **확장**하는 경우에는 별도의 변경허가를 받을 필요가 없다.

③ 개발행위를 허가하는 경우에는 **조건**을 붙일 수 **없다.**

④ 개발행위로 인하여 주변의 「국가유산기본법」 제3조에 따른 **국가유산 등이 크게 손상**될 우려가 있는 지역에 대해서는 **최대 5년**까지 **개발행위허가**를 제한할 수 있다.

⑤ **행정청**이 **아닌 자**가 개발행위허가를 받아 새로 공공시설을 설치한 경우, **종래의 공공시설**은 개발행위허가를 받은 자에게 전부 **무상**으로 **귀속**된다.

> **해설** ② 확대하는 경우에는 허가받아야 한다.
> ③ 조건을 붙일 수 있다.
> ④ 5년 ⇨ 3년
> ⑤ 개발행위허가를 받은 자가 행정청이 아닌 경우 개발행위로 용도가 폐지되는 공공시설은 새로 설치한 공공시설의 설치비용에 상당하는 범위에서 개발행위허가를 받은 자에게 무상으로 양도할 수 있다.

> **정답** ①

081 국토의 계획 및 이용에 관한 법령상 개발행위허가에 관한 설명으로 옳은 것은? (단, 다른 법령은 고려하지 않음) 제30회 공인중개사

① **재해복구**를 위한 응급조치로서 공작물의 설치를 하려는 자는 도시·군계획사업에 의한 행위가 아닌 한 개발행위**허가**를 **받아야** 한다.

② **국가**나 **지방자치단체**가 시행하는 개발행위에도 이행보증금을 예치하게 하여야 한다.

③ 환경오염 방지조치를 할 것을 **조건으로** 개발행위허가를 하려는 경우에는 미리 개발행위허가를 **신청한 자의 의견**을 들어야 한다.

④ 개발행위허가를 받은 자가 **행정청**인 경우, 그가 기존의 공공시설에 대체되는 공공시설을 설치하면 **기존의 공공시설**은 대체되는 공공시설의 설치비용에 상당하는 범위 안에서 개발행위허가를 받은 자에게 **무상으로 양도될 수 있다.**

⑤ 개발행위허가를 받은 자가 **행정청**이 **아닌 경우**, 개발행위로 **용도가 폐지되는 공공시설**은 개발행위허가를 받은 자에게 전부 **무상**으로 **귀속**된다.

> **해설** ① 응급조치 후 1개월이내에 신고하여야 한다.
> ② 국가나 지방자치단체는 이행보증금을 예치하지 않는다.
> ④ 개발행위허가를 받은 자가 행정청인 경우, 기존의 공공시설은 행정청에 무상귀속된다.
> ⑤ 기존의 공공시설은 대체되는 공공시설의 설치비용에 상당하는 범위 안에서 개발행위허가를 받은 자에게 무상으로 양도할 수 있다.

> **정답** ③

082 국토의 계획 및 이용에 관한 법령상 개발행위허가에 관한 설명으로 틀린 것은? 제22회 공인중개사

① 「도시개발법」에 따른 **도시개발사업**에 의해 건축물을 건축하는 경우에는 **허가**를 필요로 하지 **않는다**.

② 허가권자가 개발행위허가에 **조건**을 붙이려는 때에는 미리 개발행위허가를 **신청한 자의 의견**을 들어야 한다.

③ **토석의 채취**에 대하여 개발행위의 허가를 받은 자가 개발행위를 마치면 **준공검사**를 받아야 한다.

④ **지구단위계획구역**으로 지정된 지역으로서 도시·군관리계획상 특히 필요하다고 인정하는 지역에 대해서는 **최장 5년**의 기간 동안 **개발행위허가를 제한**할 수 있다.

⑤ 환경오염방지, 위해방지 등을 위하여 필요한 경우 **지방자치단체**가 시행하는 개발행위에 대해서 이행**보증**금을 예치하게 할 수 있다.

> (해설) 국가 등의 공공단체는 이행보증금을 예치하지 아니한다.
> (정답) ⑤

083 국토의 계획 및 이용에 관한 법령상 개발행위허가에 관한 설명으로 옳은 것은? 제23회 공인중개사

① 허가받은 개발행위의 사업기간을 **연장**하려는 경우에는 **변경**에 대한 **허가**를 받아야 한다.

② 경작을 위한 경우라도 **전·답**사이의 지목변경을 수반하는 토지의 형질변경은 **허가를 받아야** 한다.

③ 허가가 필요한 개발행위라도 용도지역이 **지정되지 아니한** 지역에서는 허가를 받지 않아도 된다.

④ 허가관청이 **조건을 붙여** 개발행위를 허가하는 것은 허용되지 **않는다**.

⑤ 개발행위허가의 대상인 토지가 2이상의 용도지역에 걸치는 경우 개발행위허가의 규모를 적용할 때는 가장 큰 규모의 용도지역에 대한 규정을 적용한다.

> (해설) ② 전·답사이의 변경인 경우 허가받을 필요가 없다.
> ③ 개발행위허가를 받아야 한다.
> ④ 조건부로 허가할 수 있다.
> ⑤ 각각의 용도지역의 개발행위의 규모에 관한 규정을 적용한다.
> (정답) ①

084 국토의 계획 및 이용에 관한 법령상 개발행위의 허가에 관한 설명으로 틀린 것은? 제25회 공인중개사

① 개발행위허가를 받은 사업면적을 **5퍼센트** 범위 안에서 **확대** 또는 **축소**하는 경우에는 변경허가를 받지 않아도 된다.

② 허가권자가 개발행위허가를 하면서 환경오염 방지 등의 조치를 할 것을 **조건으로** 붙이려는 때에는 미리 개발행위허가를 **신청한 자의 의견**을 들어야 한다.

③ 개발행위허가의 신청 내용이 성장관리계획의 내용에 어긋나는 경우에는 개발행위허가를 하여서는 아니 된다.

④ 자연녹지지역에서는 도시계획위원회의 심의를 통하여 개발행위허가의 기준을 강화 또는 완화하여 적용할 수 있다.

⑤ 건축물 건축에 대해 개발행위허가를 받은 자가 건축을 완료하고 그 건축물에 대해 「**건축법**」 상 **사용승인**을 받은 경우에는 따로 준공검사를 받지 않아도 **된다**.

> (해설) 사업면적을 5% 범위 안에서 축소하는 경우에는 변경허가를 받을 필요가 없으나, 확대의 경우에는 변경허가를 받아야 한다.
> (정답) ①

085 국토의 계획 및 이용에 관한 법령상 개발행위허가에 관한 설명으로 틀린 것은? (단, 조례는 고려하지 않음) 제26회 공인중개사

① **토지분할**에 대해 개발행위허가를 받은 자가 그 개발행위를 마치면 관할 행정청의 **준공검사**를 받아야 한다.

② 건축물의 건축에 대해 개발행위허가를 받은 후 건축물 연면적을 **5퍼센트** 범위 안에서 **확대**하려면 변경**허가를 받아야** 한다.

③ 개발행위허가를 하는 경우 미리 허가신청자의 의견을 들어 경관 등에 관한 조치를 할 것을 **조건으로** 허가할 수 **있다**.

④ 도시·군관리계획의 시행을 위한 「도시개발법」에 따른 **도시개발사업**에 의해 건축물을 건축하는 경우에는 개발행위**허가를 받지 않아도 된다**.

⑤ 토지의 일부를 **공공용지**로 하기 위해 **토지**를 분할하는 경우에는 개발행위허가를 받지 않아도 된다.

해설 토지분할과 물건을 쌓아놓는 행위는 준공검사의 대상이
아니다.

정답 ①

---

086 국토의 계획 및 이용에 관한 법령상 개발행위허가에
관한 설명으로 옳은 것은? (단, 조례는 고려하지 않음)
제33회 공인중개사

① 「사방사업법」에 따른 사방사업을 위한 개발행위를
허가 하려면 지방도시계획위원회의 심의를 거쳐야
한다.

② 토지의 일부가 **도시·군계획시설**로 지형도면고시가 된
당해 **토지의 분할**은 개발행위**허가를 받아야** 한다.

③ 국토교통부장관은 개발행위로 인하여 주변의 환경
이 크게 **오염**될 **우려**가 있는 지역에서 **개발행위허가**
를 **제한**하고자 하는 경우 중앙도시계획위원회의 **심
의**를 거쳐야 한다.

④ 시·도지사는 기반시설부담구역으로 지정된 지역에
대해서는 **10년간 개발행위허가**를 **제한**할 수 있다.

⑤ **토지분할**을 위한 개발행위허가를 받은 자는 그 개발
행위를 마치면 **시·도지사**의 **준공검사**를 받아야 한다.

해설 ① 「사방사업법」에 따른 사방사업을 위한 개발행위는 도
시계획위원회의 심의를 거치지 아니한다.
② 토지의 일부가 도시·군계획시설로 지형도면고시가
된 당해 토지의 분할은 개발행위허가를 받을 필요가
없는 경미한 행위에 해당된다.
④ 기반시설부담구역으로 지정된 지역에 대해서는 한 차
례만 3년 이내의 기간 동안 개발행위허가를 제한할 수
있다. 다만, 한 차례만 2년 이내의 기간 동안 개발행위
허가의 제한을 연장할 수 있다.
⑤ 토지분할을 위한 개발행위는 준공검사의 대상이 아니
며, 준공검사권자는 특별시장·광역시장·특별자치시
장·특별자치도지사·시장 또는 군수이다.

정답 ③

---

087 국토의 계획 및 이용에 관한 법령상 개발행위허가에
관한 설명으로 틀린 것은?
제34회 공인중개사

① **농림지역**에 물건을 1개월 이상 **쌓아놓는 행위**는 개
발행위허가의 대상이 아니다.

② 「사방사업법」에 따른 **사방사업을 위한 개발행위**에
대하여 허가를 하는 경우 중앙도시계획위원회와 지
방도시계획위원회의 **심의**를 거치지 아니한다.

③ 일정 기간 동안 **개발행위허가를 제한**할 수 있는 대
상지역에 **지구단위계획구역**은 포함되지 않는다.

④ **기반시설부담구역**으로 지정된 지역에 대해서는 중
앙도시계획위원회나 지방도시계획위원회의 심의를
거치지 아니하고 **개발행위허가의 제한**을 **연장**할 수
있다.

⑤ 개발행위허가의 제한을 연장하는 경우 그 연장 기간
은 2년을 넘을 수 없다.

해설 ③ 지구단위계획구역으로 지정된 지역으로서 도시·군관
리계획상 특히 필요하다고 인정되는 지역에 대해서 개
발행위허가를 제한할 수 있다.

정답 ③

---

088 국토의 계획 및 이용에 관한 법령상 개발행위에 따른 공공시설 등의 귀속에 관한 실명으로 **틀린** 것은?

제32회 공인중개사

① 개발행위허가를 받은 **행정청**이 기존의 공공시설에 대체되는 공공시설을 설치한 경우에는 **새로** 설치된 **공공시설**은 그 시설을 관리할 관리청에 무상으로 **귀속**된다.

② 개발행위허가를 받은 **행정청**은 개발행위가 끝나 **준공 검사**를 마친 때에는 해당 시설의 관리청에 공공시설의 종류와 토지의 **세목**을 **통지**하여야 한다.

③ 개발행위허가를 받은 자가 행정청이 **아닌 경우** 개발행위허가를 받은 자가 **새로** 설치한 **공공시설**은 그 시설을 관리할 관리청에 무상으로 **귀속**된다.

④ 개발행위허가를 받은 **행정청**이 기존의 공공시설에 대체되는 공공시설을 설치한 경우에는 **종래의 공공시설**은 그 행정청에게 **무상으로 귀속**된다.

⑤ 개발행위허가를 받은 자가 **행정청**이 **아닌 경우** 개발행위로 **용도가 폐지되는 공공시설**은 개발행위허가를 받은 자에게 **무상으로 귀속**된다.

해설 개발행위허가를 받은 자가 행정청이 아닌 경우 개발행위로 용도가 폐지되는 공공시설은 새로 설치한 공공시설의 설치비용에 상당하는 범위에서 개발행위허가를 받은 자에게 무상으로 양도할 수 있다.

정답 ⑤

089 국토의 계획 및 이용에 관한 법령상 개발행위허가를 받은 자가 행정청인 경우 개발행위에 따른 공공시설의 귀속에 관한 설명으로 옳은 것은? (단, 다른 법률은 고려하지 않음)

제33회 공인중개사

① 개발행위허가를 받은 자가 새로 공공시설을 설치한 경우, **새로** 설치된 공공시설은 그 시설을 관리할 관리청에 **무상**으로 **귀속**한다.

② 개발행위로 **용도가 폐지되는 공공시설**은 새로 설치한 공공시설의 설치비용에 상당하는 범위에서 개발행위허가를 받은 자에게 **무상으로 양도할 수 있다.**

③ 공공시설의 관리청이 불분명한 경우 하천에 대하여는 국토교통부장관을 관리청으로 본다.

④ 관리청에 귀속되거나 개발행위허가를 받은 자에게 양도될 공공시설은 **준공검사를 받음으로써** 관리청과 개발행위허가를 받은 자에게 **각각 귀속**되거나 양도된 것으로 본다.

⑤ 개발행위허가를 받은 자는 **국토교통부장관의 허가**를 받아 그에게 귀속된 공공시설의 처분으로 인한 수익금을 **도시·군계획사업 외의 목적**에 사용할 수 있다.

해설 ② 개발행위허가를 받은 자가 행정청이므로 종래의 공공시설은 개발행위허가를 받은 자에게 무상으로 귀속된다.

③ 관리청이 불분명한 경우에는 도로 등에 대하여는 국토교통부장관을, 하천에 대하여는 환경부장관을 관리청으로 보고, 그 외의 재산에 대하여는 기획재정부장관을 관리청으로 본다.

④ 개발행위허가를 받은 자가 행정청이므로 해당 시설의 관리청에 공공시설의 종류와 토지의 세목(細目)을 통지한 날에 해당 시설을 관리할 관리청과 개발행위허가를 받은 자에게 각각 귀속된 것으로 본다.

⑤ 개발행위허가를 받은 자가 행정청인 경우 개발행위허가를 받은 자는 그에게 귀속된 공공시설의 처분으로 인한 수익금을 도시·군계획사업 외의 목적에 사용하여서는 아니 된다.

정답 ①

090 국토의 계획 및 이용에 관한 법령상 성장관리계획구역을 지정할 수 있는 지역에 해당하지 <u>않는</u> 것은?

제29회 공인중개사 수정

① 주변지역과 연계하여 체계적인 관리가 필요한 **주거지역**
② 개발수요가 많아 무질서한 개발이 진행되고 있는 **계획관리지역**
③ 개발수요가 많아 무질서한 개발이 진행될 것으로 예상되는 **생산관리지역**
④ 주변의 토지이용 변화 등으로 향후 시가화가 예상되는 **농림지역**
⑤ 교통여건 변화 등으로 향후 시가화가 예상되는 **자연환경보전지역**

해설 주거지역은 성장관리계획구역의 지정대상이 아니다.
정답 ①

091 국토의 계획 및 이용에 관한 법령상 성장관리계획구역을 지정할 수 있는 지역이 <u>아닌</u> 것은? 제32회 공인중개사

① 녹지지역
② 관리지역
③ 주거지역
④ 자연환경보전지역
⑤ 농림지역

해설 주거지역은 성장관리계획구역의 지정대상이 아니다.
정답 ③

092 국토의 계획 및 이용에 관한 법령상 성장관리계획 및 성장관리계획구역에 관한 설명으로 옳은 것을 모두 고른 것은?

제31회 공인중개사 수정

> ㉠ 기반시설의 배치와 규모에 관한 사항은 성장관리계획에 반드시 포함되어야 한다.
> ㉡ 국토의 계획 및 이용에 관한 법률 제58조에 따른 **시가화 용도** 지역은 성장관리계획구역의 지정 대상 지역이 아니다.
> ㉢ 성장관리계획구역 내 **계획관리지역**에서는 50퍼센트 이하의 범위에서 **성장관리계획으로** 정하는 바에 따라 조례로 정하는 비율까지 **건폐율**을 완화하여 적용할 수 있다.

① ㉠
② ㉡
③ ㉠, ㉢
④ ㉡, ㉢
⑤ ㉠, ㉡, ㉢

해설 성장관리계획구역의 지정목적을 이루는 데 필요한 사항을 포함하여 성장관리계획을 수립한다. 따라서 반드시 포함하여야 하는 것은 아니다.
정답 ④

093 국토의 계획 및 이용에 관한 법령상 성장관리계획에 관한 설명으로 옳은 것은? (단, 조례, 기타 강화·완화 조건은 고려하지 않음) 제33회 공인중개사

① 시장 또는 군수는 **공업지역** 중 향후 시가화가 예상되는 지역의 전부 또는 일부에 대하여 **성장관리계획구역**을 **지정**할 수 있다.
② 성장관리계획구역 내 **생산녹지지역**에서는 **30퍼센트** 이하의 범위에서 **성장관리계획으로** 정하는 바에 따라 **건폐율**을 **완화**하여 적용할 수 있다.
③ 성장관리계획구역 내 **보전관리지역**에서는 125퍼센트 이하의 범위에서 **성장관리계획으로** 정하는 바에 따라 **용적률**을 **완화**하여 적용할 수 있다.
④ 시장 또는 군수는 **성장관리계획구역**을 지정할 때에는 **도시·군관리계획**의 **결정**으로 하여야 한다.
⑤ 시장 또는 군수는 성장관리계획구역을 지정하려면 성장관리계획구역안을 **7일간** 일반이 **열람**할 수 있도록 해야 한다.

해설 ① 공업지역은 성장관리계획구역을 지정할 수 있는 지역이 아니다.
③ 보전관리지역은 성장관리계획으로 건폐율 또는 용적률을 완화할 수 있는 지역이 아니며, 계획관리지역에서 125퍼센트 이하의 범위에서 성장관리계획으로 정하는 바에 따라 용적률을 완화하여 적용할 수 있다.
④ 성장관리계획구역의 지정은 도시·군관리계획으로 결정할 사항이 아니다.
⑤ 시장 또는 군수는 성장관리계획구역을 지정하려면 성장관리계획구역안을 14일 이상 일반이 열람할 수 있도록 해야 한다.
정답 ②

094 국토의 계획 및 이용에 관한 법령상 성장관리계획구역에서 30퍼센트 이하의 범위에서 성장관리계획으로 정하는 바에 따라 건폐율을 완화하여 적용할 수 있는 지역이 아닌 것은? (단, 조례는 고려하지 않음)
제35회 공인중개사

① 생산관리지역 ② 생산녹지지역
③ 보전녹지지역 ④ 자연녹지지역
⑤ 농림지역

해설 ③ 성장관리계획구역에서 생산관리지역·농림지역 및 자연녹지지역과 생산녹지지역은 30퍼센트 이하의 범위에서 성장관리계획으로 정하는 바에 따라 건폐율을 완화하여 적용할 수 있는 지역이다.
정답 ③

095 국토의 계획 및 이용에 관한 법령상 개발밀도관리구역에 관한 설명으로 틀린 것은? 제35회 공인중개사

① 개발밀도관리구역의 변경 고시는 당해 지방자치단체의 공보에 게재하는 방법에 의한다.
② 개발밀도관리구역으로 지정될 수 있는 지역에 농림지역은 포함되지 않는다.
③ 개발밀도관리구역의 **지정**은 해당 지방자치단체에 설치된 지방도시계획위원회의 **심의**대상이다.
④ 개발밀도관리구역에서는 해당 용도지역에 적용되는 **건폐율**의 최대한도의 **50퍼센트** 범위에서 건폐율을 강화하여 적용한다.
⑤ 개발밀도관리구역은 기반시설부담구역으로 지정될 수 없다.

해설 ④ 개발밀도관리구역에서는 해당 용도지역에 적용되는 용적률의 최대한도의 50퍼센트 범위에서 용적률을 강화하여 적용한다.
정답 ④

096 국토의 계획 및 이용에 관한 법령상 개발밀도관리구역에 관한 설명으로 틀린 것은? 제34회 공인중개사

① 도시·군계획시설사업의 시행자인 시장 또는 군수는 개발밀도관리구역에 관한 기초조사를 하기 위하여 필요하면 타인의 토지에 출입할 수 있다.
② 개발밀도관리구역의 **지정기준**, 개발밀도관리구역의 관리 등에 관하여 필요한 사항은 대통령령으로 정하는 바에 따라 **국토교통부장관**이 정한다.
③ 개발밀도관리구역에서는 해당 용도지역에 적용되는 **용적률**의 최대한도의 **50퍼센트** 범위에서 용적률을 **강화**하여 적용한다.
④ 시장 또는 군수는 개발밀도관리구역을 **지정**하거나 변경하려면 해당 지방자치단체에 설치된 지방도시계획위원회의 **심의**를 거쳐야 한다.
⑤ 기반시설을 설치하거나 그에 필요한 용지를 확보하게 하기 위하여 **개발밀도관리구역에 기반시설부담구역을 지정**할 수 있다.

해설 기반시설부담구역은 개발밀도관리구역 외의 지역에 지정한다.
정답 ⑤

097 국토의 계획 및 이용에 관한 법령상 시장 또는 군수가 주민의 의견을 들어야 하는 경우로 명시되어 있지 **않은** 것은? (단, 국토교통부장관이 따로 정하는 경우는 고려하지 않음) 제30회 공인중개사

① 광역도시계획을 수립하는 경우
② 성장관리계획을 수립하는 경우
③ 시범도시사업계획을 수립하는 경우
④ 기반시설부담구역을 지정하려는 경우
⑤ 개발밀도관리구역을 지정하려는 경우

해설 개발밀도관리구역을 지정하는 경우 주민의 의견을 들어야 하는 규정은 두고 있지 않다.
정답 ⑤

098 국토의 계획 및 이용에 관한 법령상 개발밀도관리구역 및 기반시설부담구역에 관한 설명으로 옳은 것은? 제29회 공인중개사

① **개발밀도관리구역**에서는 당해 용도지역에 적용되는 건폐율 또는 용적률을 **강화** 또는 **완화**하여 적용할 수 있다.
② 군수가 개발밀도관리구역을 지정하려면 지방도시계획위원회의 **심의를 거쳐 도지사의 승인**을 받아야 한다.
③ 주거·상업지역에서의 개발행위로 기반시설의 수용능력이 부족할 것으로 예상되는 지역 중 **기반시설의 설치가 곤란**한 지역은 **기반시설부담구역**으로 지정할 수 있다.
④ 시장은 기반시설부담구역을 지정하면 기반시설설치계획을 수립하여야 하며, 이를 도시관리계획에 반영하여야 한다.
⑤ 기반시설부담구역에서 **개발행위를 허가받고자 하는 자**에게는 **기반시설설치비용**을 부과하여야 한다.

해설 ① 강화 또는 완화 ⇨ 강화
② 승인을 받아야 하는 절차는 두고 있지 않다.
③ 기반시설부담구역 ⇨ 개발밀도관리구역
⑤ 기반시설설치비용의 부과대상은 200제곱미터를 초과하는 건축물의 신축·증축 행위로서 건축허가를 받고 2개월 이내에 부과한다.
정답 ④

099 국토의 계획 및 이용에 관한 법령상 개발행위에 따른 기반시설의 설치에 관한 설명으로 옳은 것은? (단, 조례는 고려하지 않음) 제32회 공인중개사

① 시장 또는 군수가 개발밀도관리구역을 **변경**하는 경우 관할 지방도시계획위원회의 **심의**를 **거치지 않아도** 된다.
② 기반시설부담구역의 지정고시일부터 **2년**이 되는 날까지 기반시설설치계획을 수립하지 아니하면 그 2년이 되는 날에 **기반시설부담구역**의 지정은 **해제된 것으로 본다.**
③ 시장 또는 군수는 기반시설설치비용 납부의무자가 지방자치단체로부터 건축허가를 받은 날부터 **3개월** 이내에 **기반시설설치비용**을 **부과**하여야 한다.
④ 시장 또는 군수는 **개발밀도관리구역**에서는 해당 용도지역에 적용되는 용적률의 최대한도의 **50퍼센트** 범위에서 **용적률**을 **강화**하여 적용한다.
⑤ 기반시설설치비용 납부의무자는 **사용승인 신청 후 7일**까지 그 **비용을 내야 한다.**

해설 ① 개발밀도관리구역을 변경하는 경우에도 관할 지방도시계획위원회의 심의를 거쳐야 한다.
② 기반시설부담구역의 지정고시일부터 1년이 되는 날까지 기반시설설치계획을 수립하지 아니하면 그 1년이 되는 날에 기반시설부담구역의 지정은 해제된 것으로 본다.
③ 기반시설설치비용 납부의무자가 국가 또는 지방자치단체로부터 건축허가를 받은 날부터 2개월 이내에 기반시설설치비용을 부과하여야 한다.
⑤ 기반시설설치비용 납부의무자는 사용승인 신청 시까지 기반시설설치비용을 내야 한다.
정답 ④

100 국토의 계획 및 이용에 관한 법령상 개발행위에 따른 기반시설의 설치에 관한 설명으로 **틀린** 것은? (단, 조례는 고려하지 않음) 제33회 공인중개사

① **개발밀도관리구역**에서는 해당 용도지역에 적용되는 **용적률**의 최대한도의 **50퍼센트** 범위에서 **강화**하여 적용한다.

② 기반시설의 설치가 필요하다고 인정하는 지역으로서, 해당 지역의 전년도 개발행위허가 건수가 전전년도 개발행위허가 건수보다 **20퍼센트** 이상 증가한 지역에 대하여는 **기반시설부담구역**으로 **지정**하여야 한다.

③ 기반시설부담구역이 지정되면 기반시설설치계획을 수립하여야 하며, 이를 도시·군관리계획에 반영하여 한다.

④ **기반시설설치계획**은 기반시설부담구역의 지정고시일부터 **3년**이 되는 날까지 **수립**하여야 한다.

⑤ 기반시설설치비용의 관리 및 운용을 위하여 기반시설부담구역별로 특별회계를 설치하여야 한다.

해설 ④ 기반시설부담구역의 지정고시일부터 1년이 되는 날까지 기반시설설치계획을 수립하지 아니하면 그 1년이 되는 날의 다음날에 기반시설부담구역의 지정은 해제된 것으로 본다.

정답 ④

101 국토의 계획 및 이용에 관한 법령상 광역시의 기반시설부담구역에 관한 설명으로 **틀린** 것은? 제30회 공인중개사

① 기반시설부담구역이 지정되면 광역시장은 대통령령으로 정하는 바에 따라 기반시설설치계획을 수립하여야 하며, 이를 도시·군관리계획에 반영하여야 한다.

② 기반시설부담구역의 **지정**은 해당 광역시에 설치된 지방도시계획위원회의 **심의**대상이다.

③ 광역시장은 「국토의 계획 및 이용에 관한 법률」의 개정으로 인하여 행위 제한이 **완화**되는 지역에 대하여는 이를 **기반시설부담구역**으로 **지정**할 수 없다.

④ **지구단위계획**을 수립한 경우에는 **기반시설설치계획**을 수립한 것으로 **본다**.

⑤ **기반시설부담구역**의 지정고시일부터 **1년**이 되는 날까지 광역시장이 기반시설설치계획을 수립하지 아니하면 그 1년이 되는 날의 **다음날**에 기반시설부담구역의 지정은 **해제된 것으로 본다.**

해설 행위 제한이 완화되는 지역에 대하여는 이를 기반시설부담구역으로 지정하여야 한다.

정답 ③

102 국토의 계획 및 이용에 관한 법률 조문의 일부이다. ( )에 들어갈 숫자로 옳은 것은? 제31회 공인중개사

제68조(기반시설설치비용의 부과대상 및 산정기준)
① 기반시설부담구역에서 **기반시설설치비용의 부과대상**인 건축행위는 제2조 제20호에 따른 시설로서 ( )제곱미터(기존 건축물의 연면적을 포함한다)를 초과하는 건축물의 신축·증축 행위로 한다.

① 100   ② 200   ③ 300
④ 400   ⑤ 500

해설 200m²를 초과하는 건축물의 신축·증축 행위가 기반시설설치비용의 부과대상이다.

정답 ②

103 국토의 계획 및 이용에 관한 법령상 기반시설부담구역에 관한 설명으로 옳은 것은? 제35회 공인중개사

① 공원의 이용을 위하여 필요한 편의시설은 기반시설부담구역에 설치가 필요한 기반시설에 해당하지 않는다.

② 기반시설부담구역에서 기존 건축물을 철거하고 신축하는 경우에는 기존 건축물의 건축연면적을 포함하는 건축행위를 기반시설설치비용의 부과대상으로 한다.

③ 지구단위계획을 수립한 경우에는 기반시설설치계획을 수립한 것으로 본다.

④ 기반시설부담구역 내에서 신축된 「건축법 시행령」 상의 종교집회장은 기반시설설치비용의 부과대상이다.

⑤ 기반시설부담구역으로 지정된 지역에 대해서는 개발행위허가의 제한을 연장할 수 없다.

해설 ① 공원의 이용을 위하여 필요한 편의시설은 기반시설부담구역에 설치가 필요한 기반시설에 해당한다.

② 기존 건축물을 철거하고 신축하는 경우에는 기존 건축물의 건축 연면적을 초과하는 건축행위만 부과대상으로 한다.

④ 「건축법 시행령」상의 종교집회장은 기반시설설치비용의 부과대상에서 제외된다.

⑤ 기반시설부담구역으로 지정된 지역에 대해서는 개발행위허가의 제한을 연장할 수 있다.

정답 ③

---

104 국토의 계획 및 이용에 관한 법령상 청문을 하여야 하는 경우를 모두 고른 것은? (단, 다른 법령에 따른 청문은 고려하지 않음) 제31회 공인중개사

> ㉠ 개발행위허가의 취소
> ㉡ 국토의 계획 및 이용에 관한 법률 제63조에 따른 개발행위허가의 제한
> ㉢ 실시계획인가의 취소

① ㉠　　② ㉡　　③ ㉠, ㉡
④ ㉠, ㉢　　⑤ ㉡, ㉢

해설 청문을 실시하여야 하는 경우는 다음과 같다.

> 1. 개발행위허가의 취소
> 2. 도시·군계획시설사업의 시행자 지정의 취소
> 3. 도시·군계획시설사업 실시계획 인가의 취소

정답 ④

Chapter 02

도시개발법

제1절 | **도시개발구역의 지정 등**

105 도시개발법령상 도시개발구역을 지정한 후에 개발계획을 수립할 수 있는 경우가 <u>아닌</u> 것은? 제26회 공인중개사

① 개발계획을 공모하는 경우
② 자연녹지지역에 도시개발구역을 지정할 때
③ 도시지역외의 지역에 도시개발구역을 지정할 때
④ 국토교통부장관이 지역균형발전을 위하여 관계중앙행정기관의 장과 협의하여 상업지역에 도시개발구역을 지정할 때
⑤ 해당 도시개발구역에 포함되는 주거지역이 전체 도시개발구역 지정면적의 100분의 40인 지역을 도시개발구역으로 지정할 때

해설 해당 도시개발구역에 포함되는 주거지역·상업지역·공업지역의 면적의 합계가 전체 도시개발구역 지정 면적의 100분의 30 이하인 지역

정답 ⑤

106 도시개발법령상 도시개발구역을 지정한 후에 개발계획에 포함시킬 수 있는 사항은? 제21회 공인중개사

① 환경보전계획
② 재원조달계획
③ 도시개발구역 밖의 지역에 기반시설을 설치하여야 하는 경우 그 시설의 설치에 필요한 비용의 부담계획
④ 존치하는 기존건축물 및 공작물 등에 관한 계획
⑤ 전시장·공연장 등의 문화시설계획

해설 도시개발구역 밖의 지역에 기반시설을 설치비용의 부담계획은 도시개발구역을 지정한 후에 개발계획이 수립될 수 있다.

정답 ③

107 도시개발법령상 개발계획에 따라 도시개발구역을 지정한 후에 개발계획에 포함시킬 수 있는 사항은?
제34회 공인중개사

① 환경보전계획
② 보건의료시설 및 복지시설의 설치계획
③ 원형지로 공급될 대상 토지 및 개발 방향
④ 임대주택건설계획 등 세입자 등의 주거 및 생활 안정 대책
⑤ 도시개발구역을 둘 이상의 사업시행지구로 분할하여 도시개발사업을 시행하는 경우 그 분할에 관한 사항

해설 도시개발구역을 지정한 후에 개발계획에 포함시킬 수 있는 사항은 다음과 같다.

> 1. 도시개발구역 밖의 지역에 기반시설을 설치하여야 하는 경우에는 그 시설의 설치에 필요한 비용의 부담 계획
> 2. 수용(收用) 또는 사용의 대상이 되는 토지 등이 있는 경우에는 그 세부목록
> 3. 임대주택건설계획 등 세입자 등의 주거 및 생활 안정 대책
> 4. 순환개발 등 단계적 사업추진이 필요한 경우 사업추진 계획 등에 관한 사항

정답 ④

108 다음은 도시개발법령상 도시개발구역의 지정과 개발계획에 관한 설명으로 틀린 것은? 제26회 공인중개사

① 지정권자는 도시개발사업의 효율적 추진을 위하여 필요하다고 인정하는 경우 서로 **떨어진** 둘 이상의 지역을 **결합**하여 하나의 도시개발구역으로 지정할 수 있다.

② 도시개발구역을 둘 이상의 사업시행지구로 분할하는 경우 **분할 후** 사업시행지구의 **면적**은 각각 **1만제곱미터** 이상이어야 한다.

③ **세입자**의 주거 및 생활안정대책에 관한 사항은 도시개발구역을 **지정한 후**에 개발계획의 내용으로 **포함**시킬 수 있다.

④ 지정권자는 도시개발사업을 **환지방식**으로 시행하려고 **개발계획**을 수립할 때 시행자가 **지방자치단체**인 경우 토지소유자의 **동의**를 받아야 한다.

⑤ 도시·군기본계획이 수립되어 있는 지역에 대하여 개발계획을 수립하려면 개발계획의 내용이 해당 도시·군기본계획에 들어 맞도록 하여야 한다.

해설 시행자가 국가 또는 지방자치단체인 경우에는 동의를 받을 필요가 없다.

정답 ④

109 도시개발법령상 환지 방식의 도시개발사업에 대한 개발계획 수립에 필요한 동의자의 수를 산정하는 방법으로 옳은 것은? 제35회 공인중개사

① 도시개발구역의 토지면적을 산정하는 경우: 국·공유지를 제외하고 산정할 것

② 1인이 둘 이상 필지의 토지를 단독으로 소유한 경우: 필지의 수에 관계없이 토지 소유자를 1인으로 볼 것

③ 둘 이상 필지의 토지를 소유한 공유자가 동일한 경우: 공유자 각각을 토지 소유자 1인으로 볼 것

④ 1필지의 토지 소유권을 여럿이 공유하는 경우:「집합건물의 소유 및 관리에 관한 법률」에 따른 구분소유자인지 여부와 관계없이 다른 공유자의 동의를 받은 대표 공유자 1인을 해당 토지 소유자로 볼 것

⑤ 도시개발구역의 지정이 제안된 후부터 개발계획이 수립되기 전까지의 사이에 토지 소유자가 변경된 경우: 변경된 토지 소유자의 동의서를 기준으로 할 것

해설 ① 도시개발구역의 토지면적을 산정하는 경우: 국·공유지를 포함하여 산정할 것

③ 둘 이상 필지의 토지를 소유한 공유자가 동일한 경우: 공유자 여럿을 대표하는 1인을 토지 소유자로 볼 것

④ 1필지의 토지 소유권을 여럿이 공유하는 경우: 다른 공유자의 동의를 받은 대표 공유자 1명만을 해당 토지 소유자로 볼 것. 다만, 집합건물의 소유 및 관리에 관한 법률에 따른 구분소유자는 각각을 토지 소유자 1명으로 본다.

⑤ 도시개발구역의 지정이 제안된 후부터 개발계획이 수립되기 전까지의 사이에 토지 소유자가 변경된 경우: 변경 전 토지 소유자의 동의서를 기준으로 할 것

정답 ②

110 도시개발법령상 도시개발구역의 지정에 관한 설명으로 옳은 것은? (단, 특례는 고려하지 않음) 제30회 공인중개사

① **대도시 시장**은 직접 도시개발구역을 **지정할 수 없고**, 도지사에게 그 지정을 **요청**하여야 한다.

② 도시개발사업이 필요하다고 인정되는 지역이 **둘 이상의 도**의 행정구역에 걸치는 경우에는 해당 면적이 더 넓은 행정구역의 도지사가 도시개발구역을 지정하여야 한다.

③ 천재지변으로 인하여 도시개발사업을 **긴급**하게 할 필요가 있는 경우 **국토교통부장관**이 **도시개발구역**을 **지정**할 수 있다.

④ 도시개발구역의 총 면적이 1만제곱미터 미만인 경우 둘 이상의 사업시행지구로 **분할**하여 **지정**할 수 있다.

⑤ **자연녹지지역**에서 도시개발구역을 **지정한 이후** 도시개발사업의 계획을 수립하는 것은 허용되지 아니한다.

해설 ① 대도시 시장은 직접 도시개발구역을 지정할 수 있다.

② 시·도지사 또는 대도시 시장이 협의하여 도시개발구역을 지정할 자를 정한다.

④ 1만제곱미터 미만 ⇨ 1만제곱미터 이상

⑤ 자연녹지지역에서는 도시개발구역을 지정한 이후 개발계획을 수립할 수 있다.

정답 ③

111 도시개발법령상 도시개발구역의 지정권자가 될 수 없는 자는?

제20회 공인중개사

① 광역시장
② 도지사
③ 시장 또는 군수
④ 대도시(서울특별시와 광역시를 제외한 인구 50만 이상의 대도시) 시장
⑤ 특별자치도지사

해설 시장 또는 군수는 도시개발구역의 지정권자가 아니다.
정답 ③

112 도시개발법령상 도시개발구역을 지정할 수 있는 자를 모두 고른 것은?

제32회 공인중개사

㉠ 시·도지사	㉡ 대도시 시장
㉢ 국토교통부장관	㉣ 한국토지주택공사

① ㉠
② ㉡, ㉣
③ ㉢, ㉣
④ ㉠, ㉡, ㉢
⑤ ㉠, ㉡, ㉢, ㉣

해설 도시개발구역은 시·도지사 또는 대도시 시장이 지정하는 것이 원칙이고, 일정한 경우에 국토교통부장관이 지정할 수 있다.
정답 ④

113 도시개발법령상 국토교통부장관이 도시개발구역을 지정할 수 있는 경우에 해당하지 않는 것은?

제33회 공인중개사

① **국가**가 도시개발사업을 실시할 필요가 있는 경우
② 관계 **중앙행정기관**의 장이 요청하는 경우
③ **한국토지주택공사 사장**이 **20만제곱미터**의 규모로 국가계획과 밀접한 관련이 있는 도시개발구역의 지정을 **제안**하는 경우
④ 천재지변, 그 밖의 사유로 인하여 도시개발사업을 **긴급**하게 할 필요가 있는 경우
⑤ 도시개발사업이 필요하다고 인정되는 지역이 둘 이상의 도의 행정구역에 걸치는 경우에 도시개발구역을 지정할 자에 관하여 관계 도지사 간에 **협의**가 성립되지 아니하는 경우

해설 ③ 한국토지주택공사 사장이 30만제곱미터 이상의 규모로 국가계획과 밀접한 관련이 있는 도시개발구역의 지정을 제안하는 경우에 국토교통부장관이 도시개발구역을 지정할 수 있다.
정답 ③

114 도시개발법령상 국토교통부장관이 도시개발구역을 지정할 수 있는 경우가 아닌 것은?

제20회 공인중개사

① **국가**가 도시개발사업을 실시할 필요가 있는 경우
② **시장 또는 군수**가 요청하는 경우
③ 도시개발사업 시행자가 될 수 있는 **정부출연기관**의 장이 **30만㎡** 이상으로 도시개발구역의 지정을 **제안**하는 경우
④ 천재지변으로 인해 도시개발사업을 **긴급**하게 할 필요가 있는 경우
⑤ 도시개발사업이 필요하다고 인정되는 지역이 2이상의 광역시·대도시(서울특별시와 광역시를 제외한 인구 50만 이상의 대도시)의 행정구역에 걸치는 때 당해 시장의 **협의**가 성립되지 않은 경우

해설 관계중앙행정기관의 장의 요청이 있는 경우이다.
정답 ②

115 도시개발법령상 국토교통부장관이 도시개발구역을 지정할 수 있는 경우가 <u>아닌</u> 것은?　제26회 공인중개사

① **국가**가 도시개발사업을 실시 할 필요가 있는 경우

② **산업통상자원부장관**이 10만제곱미터 규모로 도시개발구역의 지정을 **요청**하는 경우

③ **지방공사**의 장이 **30만제곱미터** 규모로 도시개발구역의 지정을 **요청**하는 경우

④ **한국토지주택공사 사장**이 **30만제곱미터** 규모로 국가계획과 밀접한 관련이 있는 도시개발구역의 지정을 **제안**하는 경우

⑤ 천재·지변으로 인하여 도시개발사업을 **긴급**하게 할 필요가 있는 경우

> **해설** 공공기관의 장 또는 정부출연기관의 장이 30만m² 이상으로서 국가계획과 밀접한 관련이 있는 도시개발구역의 지정을 제안하는 경우에 국토교통부장관이 도시개발구역을 지정할 수 있다.
>
> **정답** ③

116 도시개발법령상 도시개발구역의 지정을 제안할 수 있는 자가 <u>아닌</u> 것은?　제23회 공인중개사

① 도시개발조합

② 한국수자원공사

③ 「지방공기업법」에 따라 설립된 지방공사

④ 한국관광공사

⑤ 한국농어촌공사

> **해설** 국가, 지방자치단체, 조합은 도시개발구역의 지정을 제안할 수 없다.
>
> **정답** ①

117 도시개발법령상 도시개발구역으로 지정할 수 있는 대상 지역 및 규모에 관하여 (　)에 들어갈 숫자를 바르게 나열한 것은?　제29회 공인중개사

> - **주거지역 및 상업지역** : (㉠)만 제곱미터 이상
> - **공업지역** : (㉡)만 제곱미터 이상
> - **자연녹지지역** : (㉢)만 제곱미터 이상
> - **도시개발구역 지정면적의 100분의 30 이하인 생산녹지지역** : (㉣)만 제곱미터 이상

① ㉠: 1, ㉡: 1. ㉢: 1, ㉣: 3

② ㉠: 1, ㉡: 3. ㉢: 1, ㉣: 1

③ ㉠: 1, ㉡: 3. ㉢: 3, ㉣: 1

④ ㉠: 3, ㉡: 1. ㉢: 3, ㉣: 3

⑤ ㉠: 3, ㉡: 3. ㉢: 1, ㉣: 1

> **해설** 주거지역·상업지역·자연녹지지역·생산녹지지역은 1만m², 공업지역은 3만m²
>
> **정답** ②

118 도시개발법령상 도시개발구역의 지정에 관한 설명으로 옳은 것은?　제24회 공인중개사

① 서로 **떨어진** 둘 이상의 지역은 **결합**하여 하나의 도시개발구역으로 지정될 수 **없다.**

② **국가**가 도시개발사업의 시행자인 경우 **환지 방식**의 사업에 대한 **개발계획**을 수립하려면 토지 소유자의 **동의**를 받아야 한다.

③ 광역시장이 개발계획을 **변경**하는 경우 군수 또는 구청장은 광역시장으로부터 송부 받은 관계 서류를 일반인에게 **공람시키지 않아도 된다.**

④ **도시개발구역**의 지정은 도시개발사업의 공사 완료의 공고일에 해제된 것으로 **본다.**

⑤ 도시개발사업의 **공사 완료**로 도시개발구역의 지정이 **해제 의제**된 경우에는 도시개발구역의 용도지역은 해당도시개발구역 지정 전의 용도지역으로 **환원**되거나 폐지된 것으로 보지 **아니한다.**

해설 ① 서로 떨어진 둘 이상의 지역을 결합하여 하나의 도시
개발구역으로 지정될 수 있다.
② 국가·지방자치단체가 시행자인 경우 동의 받을 필요
가 없다.
③ 개발계획을 변경하는 경우에도 관계 서류를 일반인에
게 공람시켜야 한다.
④ 공사 완료 공고일의 다음날에 해제된 것으로 본다.
정답 ⑤

---

119 도시개발법령상 도시개발구역의 지정에 관한 설명으
로 틀린 것은?
제25회 공인중개사

① 서울특별시와 광역시를 제외한 인구 50만 이상의 **대
도시의 시장은 도시개발구역을 지정할 수** 있다.
② **자연녹지지역**에서 도시개발구역으로 지정할 수 있
는 규모는 **3만제곱미터 이상**이어야 한다.
③ **계획관리지역**에 도시개발구역을 지정할 때에는 도
시개발구역을 **지정한 후**에 **개발계획**을 **수립**할 수 있다.
④ 지정권자가 도시개발사업을 **환지방식**으로 시행하려
고 **개발계획**을 수립하는 경우 사업시행자가 **지방자
치단체**이면 토지소유자의 **동의**를 받을 필요가 **없다.**
⑤ 군수가 도시개발구역의 지정을 요청하려는 경우 주
민이나 관계전문가 등으로부터 의견을 들어야 한다.

해설 1만m² 이상이어야 한다.
정답 ②

---

120 도시개발법령상 도시개발구역에서 허가를 받아야 할
행위로 명시되지 <u>않은</u> 것은?
제32회 공인중개사

① 토지의 합병
② 토석의 채취
③ 죽목의 식재
④ 공유수면의 매립
⑤ 건축법에 따른 건축물의 용도 변경

해설 토지의 분할은 허가대상이나, 합병은 허가대상이 아니다.
정답 ①

---

121 도시개발법령상 도시개발구역 지정의 해제에 관한 규정
내용이다. (   )에 들어갈 숫자를 바르게 나열한 것은?
제31회 공인중개사

> 도시개발구역을 지정한 후 개발계획을 수립하는
> 경우에는 아래에 규정된 날의 다음 날에 도시개발
> 구역의 지정이 해제된 것으로 본다.
> • 도시개발구역이 지정·고시된 날부터 (㉠)년
> 이 되는 날까지 **개발계획**을 수립·고시하지 아
> 니하는 경우에는 그 (㉠)년이 되는 날. 다만,
> 도시개발구역의 면적이 330만제곱미터 이상인
> 경우에는 5년으로 한다.
> • 개발계획을 수립·고시한 날부터 (㉡)년이 되
> 는 날까지 **실시계획** 인가를 신청하지 아니하는
> 경우에는 그 (㉡) 년이 되는 날. 다만, 도시개
> 발구역의 면적이 **330만제곱미터** 이상인 경우에
> 는 (㉢)년으로 한다.

① ㉠: 2, ㉡: 3, ㉢: 3
② ㉠: 2, ㉡: 3, ㉢: 5
③ ㉠: 3, ㉡: 2, ㉢: 3
④ ㉠: 3, ㉡: 2, ㉢: 5
⑤ ㉠: 3, ㉡: 3, ㉢: 5

해설 ㉠: 2, ㉡: 3, ㉢: 5
정답 ②

- 2025 박문각 공인중개사

제2절 도시개발사업의 시행자

122 도시개발법령상 도시개발사업 시행자로 지정될 수 있는 자에 해당하지 <u>않는</u> 것은?
제33회 공인중개사

① 국가
②「한국부동산원법」에 따른 한국부동산원
③「한국수자원공사법」에 따른 한국수자원공사
④「한국관광공사법」에 따른 한국관광공사
⑤「지방공기업법」에 따라 설립된 지방공사

해설 ② 한국부동산원은 도시개발사업의 시행자로 지정될 수 있는 자가 아니다.

정답 ②

123 도시개발법령상 수용 또는 사용 방식으로 시행하는 도시개발사업의 시행자로 지정될 수 <u>없는</u> 자는?
제35회 공인중개사

①「한국철도공사법」에 따른 한국철도공사
② 지방자치단체
③「지방공기업법」에 따라 설립된 지방공사
④ 도시개발구역의 국공유지를 제외한 토지면적의 3분의 2 이상을 소유한 자
⑤ 도시개발구역의 토지 소유자가 도시개발을 위하여 설립한 조합

해설 ⑤ 도시개발구역의 토지 소유자가 도시개발을 위하여 설립한 조합은 도시개발구역의 전부를 환지방식으로 시행하는 경우에 시행자로 지정한다.

정답 ⑤

124 도시개발법령상 지정권자가 '도시개발구역 전부를 환지 방식으로 시행하는 도시개발사업'을 '지방자치단체의 장이 집행하는 공공시설에 관한 사업'과 병행하여 시행할 필요가 있다고 인정하는 경우, 이 도시개발사업의 시행자로 지정될 수 <u>없는</u> 자는? (단, 지정될 수 있는 자가 도시개발구역의 토지 소유자는 아니며, 다른 법령은 고려하지 않음)
제30회 공인중개사

① 국가
② 지방자치단체
③「지방공기업법」에 따른 지방공사
④「한국토지주택공사법」에 따른 한국토지주택공사
⑤「자본시장과 금융투자업에 관한 법률」에 따른 신탁업자 중「주식회사 등의 외부감사에 관한 법률」제4조에 따른 외부감사의 대상이 되는 자

해설 전부 환지 방식의 경우 지방자치단체 등을 시행자로 하는 경우가 있으나, 국가는 이에 해당하지 않는다.

정답 ①

125 도시개발법령상 도시개발구역 지정권자가 시행자를 변경할 수 있는 경우가 <u>아닌</u> 것은?
제28회 공인중개사

① 도시개발사업에 관한 실시계획의 인가를 받은 후 **2년** 이내에 사업을 **착수**하지 **아니하는** 경우
② 행정처분으로 사업시행자의 지정이 **취소**된 경우
③ 사업시행자가 도시개발구역 지정의 고시일부터 **6개월** 이내에 **실시계획**의 인가를 **신청**하지 **아니하는** 경우
④ 사업시행자의 **부도**로 도시개발사업의 목적을 달성하기 어렵다고 인정되는 경우
⑤ 행정처분으로 실시계획의 인가가 **취소**된 경우

해설 6개월 ⇨ 1년

정답 ③

126 도시개발법령상 도시개발사업의 시행에 관한 설명으로 옳은 것은? 제29회 공인중개사

① **국가**는 도시개발사업의 **시행자**가 **될 수 없다.**

② 한국철도공사는 「역세권의 개발 및 이용에 관한 법률」에 따른 역세권개발사업을 시행하는 경우에만 도시개발사업의 시행자가 된다.

③ 지정권자는 시행자가 도시개발사업에 관한 실시계획의 인가를 받은 후 **2년** 이내에 사업을 **착수**하지 **아니하는** 경우 **시행자**를 **변경**할 수 있다.

④ **토지 소유자**가 도시개발구역의 지정을 **제안**하려는 경우에는 대상 구역 토지면적의 **2분의 1** 이상에 해당하는 토지 소유자의 **동의**를 받아야 한다.

⑤ 사업주체인 지방자치단체는 조성된 토지의 **분양**을 「주택법」에 따른 주택건설사업자에게 **대행**하게 할 수 **없다.**

> **해설** ① 없다 ⇨ 있다
> ② 한국철도공사 ⇨ 한국철도시설공단
> ④ 2분의 1 ⇨ 3분의 2
> ⑤ 없다 ⇨ 있다
> **정답** ③

127 도시개발법령상 도시개발사업의 시행자 중 「주택법」에 따른 주택건설사업자 등으로 하여금 도시개발사업의 일부를 대행하게 할 수 있는 자만을 모두 고른 것은? 제28회 공인중개사

> ㉠ 지방자치단체
> ㉡ 「한국관광공사법」에 따른 한국관광공사
> ㉢ 「부동산투자회사법」에 따라 설립된 자기관리부동산투자회사
> ㉣ 「수도권정비계획법」에 따른 과밀억제권역에서 수도권 외의 지역으로 이전하는 법인

① ㉠   ② ㉠, ㉡   ③ ㉡, ㉢
④ ㉢, ㉣   ⑤ ㉡, ㉢, ㉣

> **해설** 공공시행자인 경우에 주택건설사업자 등으로 하여금 도시개발사업의 일부를 대행하게 할 수 있다.
> ㉢과 ㉣은 공공시행자에 해당되지 않는다.
> **정답** ②

128 도시개발법령상 도시개발사업의 시행자인 지방자치단체가 「주택법」 제4조에 따른 주택건설사업자 등으로 하여금 대행하게 할 수 있는 도시개발사업의 범위에 해당하지 **않는** 것은? 제34회 공인중개사

① 실시설계

② 부지조성공사

③ 기반시설공사

④ 조성된 토지의 분양

⑤ 토지상환채권의 발행

> **해설** 주택건설사업자 등에게 대행하게 할 수 있는 도시개발사업의 범위는 다음과 같다.
> 1. 실시설계
> 2. 부지조성공사
> 3. 기반시설공사
> 4. 조성된 토지의 분양
> **정답** ⑤

129 도시개발법령상 도시개발사업의 시행자인 국가 또는 지방자치단체가 「주택법」에 따른 주택건설사업자에게 대행하게 할 수 있는 도시개발사업의 범위에 해당하는 것만을 모두 고른 것은? 제30회 공인중개사

> ㉠ 실시설계   ㉡ 기반시설공사
> ㉢ 부지조정공사   ㉣ 조성된 토지의 분양

① ㉠, ㉡, ㉢   ② ㉠, ㉡, ㉣   ③ ㉠, ㉢, ㉣
④ ㉡, ㉢, ㉣   ⑤ ㉠, ㉡, ㉢, ㉣

> **해설** 모두 대행하게 할 수 있는 업무에 해당된다.
> **정답** ⑤

130 도시개발법령상 도시개발사업 조합에 관한 설명으로
옳은 것은?
제35회 공인중개사

① 조합을 설립하려면 도시개발구역의 토지 소유자 10
명 이상이 정관을 작성하여 **지정권자**에게 조합 설립
의 인가를 받아야 한다.

② 조합이 설립인가를 받은 사항 중 **청산에 관한 사항**
을 **변경**하려는 경우에는 지정권자에게 **신고**하여야
한다.

③ 다른 조합원으로부터 해당 도시개발구역에 그가 가
지고 있는 토지 소유권 전부를 이전 받은 조합원은
정관으로 정하는 바에 따라 본래의 의결권과는 별도
로 그 토지 소유권을 이전한 조합원의 의결권을 승
계할 수 있다.

④ 조합은 총회의 권한을 대행하게 하기 위하여 **대의원
회**를 두어야 한다.

⑤ 조합의 임원으로 선임된 자가 금고 이상의 형을 선
고받으면 **그 날부터 임원의 자격을 상실**한다.

해설 ① 조합을 설립하려면 도시개발구역의 토지 소유자 7명
이상이 정관을 작성하여 지정권자에게 조합 설립의 인
가를 받아야 한다.
② 조합이 인가를 받은 사항을 변경하려면 지정권자로부
터 변경인가를 받아야 한다. 다만, 주된 사무소 소재지
의 변경, 공고방법의 변경은 지정권자에게 신고하여야
한다. 청산에 관한 사항을 변경하려는 경우에는 변경
인가를 받아야 한다.
④ 조합은 총회의 권한을 대행하게 하기 위하여 대의원회
를 둘 수 있다.
⑤ 조합의 임원으로 선임된 자가 금고 이상의 형을 선고
받으면 그 다음 날부터 임원의 자격을 상실한다.

정답 ③

131 도시개발법령상 도시개발사업 조합에 관한 설명으로
틀린 것은?
제33회 공인중개사

① 조합은 그 주된 사무소의 소재지에서 등기를 하면
성립한다.

② **주된 사무소**의 소재지를 **변경**하려면 지정권자로부
터 변경**인가**를 받아야 한다.

③ **조합 설립의 인가**를 신청하려면 해당 도시개발구역
의 토지 **면적**의 **3분의 2** 이상에 해당하는 토지 소유
자와 그 구역의 토지 소유자 **총수**의 **2분의 1** 이상의
동의를 받아야 한다.

④ 조합의 **조합원**은 도시개발구역의 **토지 소유자**로 한다.

⑤ 조합의 설립인가를 받은 조합의 대표자는 설립인가
를 받은 날부터 **30일** 이내에 주된 사무소의 소재지
에서 **설립등기**를 하여야 한다.

해설 ② 주된 사무소의 소재지를 변경하는 것은 경미한 사항을
변경하는 것이므로 지정권자에게 신고하여야 한다.

정답 ②

132 도시개발법령상 조합의 임원에 관한 설명으로 **틀린**
것은?
제24회 공인중개사

① 이사는 의결권을 가진 조합원이어야 한다.

② 이사는 그 조합의 조합장을 **겸할 수 없다**.

③ **감사의 선임**은 **총회의 의결**을 거쳐야 한다.

④ 조합장은 총회 · 대의원회 또는 이사회의 의장이 된다.

⑤ 이사의 **자기를 위한** 조합과의 **계약**에 관하여는 **조합
장**이 조합을 대표한다.

해설 조합장 또는 이사의 자기를 위한 조합과의 계약 · 소송은
감사가 이를 대표한다.

정답 ⑤

133 도시개발법령상 도시개발사업 조합에 관한 설명으로 틀린 것은? 　　제27회 공인중개사

① **조합**은 도시개발사업의 **전부**를 **환지** 방식으로 시행하는 경우 사업시행자가 될 수 있다.

② 조합을 설립하려면 도시개발구역의 토지 소유자 **7명** 이상이 정관을 작성하여 **지정권자**에게 조합 설립의 **인가**를 받아야 한다.

③ 조합이 작성하는 정관에는 도시개발구역의 면적이 포함되어야 한다.

④ 조합 설립의 인가를 신청하려면 **국·공유지를 제외** 한 해당 도시개발구역의 토지**면적**의 **3분의 2** 이상에 해당하는 토지 소유자와 그 구역의 토지 소유자 총수의 2분의 1 이상의 동의를 받아야 한다.

⑤ 조합의 이사는 그 조합의 조합장을 **겸할 수 없다.**

정답 국·공유지를 포함 한다.

해설 ④

134 도시개발법령상 도시개발사업을 위하여 설립하는 조합에 관한 설명으로 옳은 것은? 　　제29회 공인중개사

① 조합을 설립하려면 도시개발구역의 토지 소유자 **7명** 이상이 **국토교통부장관**에게 조합 설립의 **인가**를 받아야 한다.

② 조합이 인가받은 사항 중 **주된** 사무소의 소재지를 **변경**하려는 경우 변경**인가**를 받아야 한다.

③ 조합 설립의 인가를 신청하려면 해당 도시개발구역 의 토지**면적**의 **2분의 1** 이상에 해당하는 토지 소유 자와 그 구역의 토지 소유자 **총수**의 **3분의 2** 이상의 동의를 받아야 한다.

④ 금고 이상의 형을 선고받고 그 집행이 끝나지 아니 한 자는 **조합원**이 **될 수 없다.**

⑤ 의결권을 가진 조합원의 수가 **100인**인 조합은 총회의 권한을 대행하게 하기 위하여 **대의원회**를 **둘 수 있다.**

해설 ① 국토교통부장관 ⇨ 지정권자
② 주된 사무소의 소재지를 변경하려는 경우 신고하여야 한다.
③ 토지면적의 3분의 2 이상, 토지소유자 총수의 2분의 1 이상의 동의를 받아야 한다.
④ 조합원 ⇨ 임원

정답 ⑤

135 도시개발법령상 도시개발조합에 관한 설명으로 옳은 것은? 　　제31회 공인중개사

① 도시개발구역의 토지 소유자가 **미성년자**인 경우에 는 조합의 **조합원**이 **될 수 없다.**

② 조합원은 보유토지의 면적과 관계없는 평등한 의결 권을 가지므로, 공유 토지의 경우 **공유자별**로 **의결 권**이 있다.

③ **조합**은 도시개발사업 **전부**를 **환지** 방식으로 시행하 는 경우에 도시개발사업의 시행자가 될 수 있다.

④ 조합 설립의 인가를 신청하려면 해당 도시개발구역 의 토지**면적**의 **2분의 1** 이상에 해당하는 토지 소유 자와 그 구역의 토지 소유자 **총수**의 **3분의 2** 이상의 동의를 받아야 한다.

⑤ 토지 소유자가 조합 설립인가 신청에 동의하였다면 이후 조합 설립인가의 신청 전에 그 동의를 **철회하 였더라도** 그 토지 소유자는 **동의자 수에 포함**된다.

해설 ① 조합원은 도시개발구역의 토지 소유자로 한다.
② 대표공유자 1인만 의결권이 있다.
④ 토지면적의 3분의 2 이상에 해당하는 토지 소유자와 토지 소유자 총수의 2분의 1 이상의 동의를 받아야 한다.
⑤ 조합 설립인가의 신청 전에 그 동의를 철회한 경우 동 의자 수에서 제외한다.

정답 ③

136 도시개발법령상 도시개발사업 조합에 관한 설명으로 옳은 것을 모두 고른 것은?
제34회 공인중개사

> ㉠ 금고 이상의 형을 선고받고 그 형의 집행유예 기간 중에 있는 자는 조합의 임원이 될 수 없다.
> ㉡ 조합이 조합 설립의 인가를 받은 사항 중 **공고 방법을 변경**하려는 경우 지정권자로부터 변경 **인가**를 받아야 한다.
> ㉢ 조합장 또는 이사의 **자기를 위한 조합과의 계약**이나 소송에 관하여는 대의원회가 조합을 대표한다.
> ㉣ 의결권을 가진 조합원의 수가 **50인** 이상인 조합은 총회의 권한을 대행하게 하기 위하여 **대의원회**를 둘 수 있으며, 대의원회에 두는 대의원의 수는 의결권을 가진 조합원 총수의 100분의 10 이상으로 한다.

① ㉠, ㉢
② ㉠, ㉣
③ ㉡, ㉢
④ ㉠, ㉡, ㉣
⑤ ㉡, ㉢, ㉣

해설 ㉡ 공고방법을 변경하려는 경우에는 신고하여야 한다.
㉢ 조합장 또는 이사의 자기를 위한 조합과의 계약이나 소송에 관하여는 감사가 조합을 대표한다.
정답 ②

137 도시개발법령상 도시개발조합 총회의 의결사항 중 대의원회가 총회의 권한을 대행할 수 있는 사항은?
제31회 공인중개사

① 정관의 변경
② 개발계획의 수립
③ 조합장의 선임
④ 환지예정지의 지정
⑤ 조합의 합병에 관한 사항

해설 환지계획의 작성은 대의원회가 총회의 권한을 대행할 수 없으나, 환지예정지의 지정은 대행이 가능한 사항이다.
정답 ④

제3절 **실시계획**

138 도서개발법령상 도시개발사업의 실시계획에 관한 설명으로 **틀린** 것은?
제25회 공인중개사

① 도시개발사업에 관한 실시계획에는 지구단위계획이 포함되어야 한다.
② **시·도지사**가 실시계획을 작성하는 경우 **국토교통부장관의 의견**을 미리 들어야 한다.
③ 실시계획인가신청서에는 축적 2만 5천분의 1 또는 5만 분의 1의 위치도가 첨부되어야 한다.
④ 관련 인·허가 등의 의제를 받으려는 자는 실시계획의 인가를 신청하는 때에 해당 법률로 정하는 관계 서류를 함께 제출하여야 한다.
⑤ 지정권자가 아닌 시행자가 실시계획의 인가를 받은 후, 사업비의 100분의 10의 범위에서 사업비를 증액하는 경우 지정권자의 인가를 받지 않아도 된다.

해설 국토교통부장관이 실시계획을 작성하거나 인가하는 경우에는 시·도지사·대도시 시장의 의견을 들어야 하며 시·도지사가 실시계획을 작성하거나 인가하는 경우에는 시장·군수·구청장의 의견을 들어야 한다.
정답 ②

139 도시개발법령상 도시개발사업의 실시계획에 관한 설명으로 틀린 것은? 제31회 공인중개사

① 시행자가 작성하는 실시계획에는 지구단위계획이 포함되어야 한다.

② 지정권자인 **국토교통부장관**이 실시계획을 작성하는 경우 **시·도지사** 또는 **대도시 시장**의 **의견**을 미리 들어야 한다.

③ 지정권자가 시행자가 아닌 경우 시행자는 작성된 실시계획에 관하여 **지정권자의 인가**를 받아야 한다.

④ 고시된 실시계획의 내용 중 국토의 계획 및 이용에 관한 법률에 따라 도시·군관리계획으로 결정하여야 하는 사항이 종전에 도시·군관리계획으로 결정된 사항에 저촉되면 **종전**에 **도시·군관리계획**으로 결정된 사항이 **우선**하여 적용된다.

⑤ 실시계획의 인가에 의해 주택법에 따른 사업계획의 승인은 의제될 수 있다.

해설 종전에 도시·군관리계획으로 결정된 사항 중 실시계획의 고시 내용에 저촉되는 사항은 고시된 내용으로 변경된 것으로 본다.

정답 ④

제**4**절 | **시행방식**

140 도시개발법령상 도시개발사업의 시행방식에 관한 설명으로 옳은 것은? 제30회 공인중개사

① 분할 혼용방식은 수용 또는 사용 방식이 적용되는 지역과 환지 방식이 적용되는 지역을 사업시행지구별로 분할하여 시행하는 방식이다.

② 계획적이고 체계적인 도시개발 등 **집단**적인 조성과 공급이 필요한 경우에는 **환지 방식**으로 정하여야 하며, 다른 시행방식에 의할 수 없다.

③ 도시개발구역지정 이후에는 도시개발사업의 시행방식을 변경할 수 없다.

④ 시행자는 도시개발사업의 시행방식을 토지 등을 수용 또는 사용하는 방식, 환지 방식 또는 이를 혼용하는 방식 중에서 정하여 **국토교통부장관의 허가**를 받아야 한다.

⑤ **지방자치단체**가 도시개발사업의 전부를 환지 방식으로 시행하려고 할 때에는 도시개발사업에 관한 **규약**을 정하여야 한다.

해설 ② 집단적인 조성과 공급이 필요한 경우에는 수용 또는 사용하는 방식으로 정하여야 한다.

③ 시행방식을 변경할 수 있다.

④ 시행방식은 허가받아야 하는 사항이 아니다.

⑤ 규약 ⇨ 시행규정

정답 ①

141 도시개발법령상 도시개발구역지정 이후 지정권자가 도시개발사업의 시행방식을 변경할 수 있는 경우를 모두 고른 것은? (단, 시행자는 국가이며, 시행방식 변경을 위한 다른 요건은 모두 충족됨) 제35회 공인중개사

> ㉠ 수용 또는 사용방식에서 전부 환지 방식으로의 변경
> ㉡ 수용 또는 사용방식에서 혼용방식으로의 변경
> ㉢ 혼용방식에서 전부 환지 방식으로의 변경
> ㉣ 전부 환지 방식에서 혼용방식으로의 변경

① ㉠, ㉢   ② ㉠, ㉣   ③ ㉡, ㉣
④ ㉠, ㉡, ㉢   ⑤ ㉡, ㉢, ㉣

해설 ㉣ 전부 환지 방식에서 혼용방식으로 변경할 수 없다.
정답 ④

제5절 **수용방식에 의한 사업시행**

142 도시개발법령상 토지 등의 수용 또는 사용의 방식에 따른 도시개발사업 시행에 관한 설명으로 옳은 것은? 제26회 공인중개사

① 지방자치단체가 **시행자**인 경우 **토지상환채권**을 발행할 수 **없다.**
② **지방자치단체**인 시행자가 토지를 **수용**하려면 사업 대상 토지면적의 **3분의 2** 이상의 **토지**를 소유하여야 한다.
③ 시행자는 조성토지를 공급받는 자로부터 해당 **대금의 전부를 미리 받을 수 없다.**
④ 시행자는 **학교**를 설치하기 위한 조성토지를 공급하는 경우 해당 토지의 가격을 「부동산 가격공시 및 감정평가에 관한 법률」에 따른 감정평가법인등이 **감정평가한 가격 이하**로 정할 수 있다.
⑤ 시행자는 지방자치단체에게 도시개발구역 전체 토지면적의 **2분의 1** 이내에서 **원형지**를 공급하여 개발하게 할 수 있다.

해설 ① 시행자는 토지상환채권을 발행할 수 있다.
    ② 지방자치단체에 대해서는 수용을 위한 동의요건이 적용되지 않는다.
    ③ 시행자는 선수금을 받을 수 있다.
    ⑤ 2분의 1 ⇨ 3분의 1
정답 ④

143 도시개발법령상 수용 또는 사용의 방식에 따른 사업시행에 관한 설명으로 옳은 것은? 제27회 공인중개사

① **시행자가 아닌** 지정권자는 도시개발사업에 필요한 토지 등을 **수용할** 수 있다.
② 도시개발사업을 위한 토지의 **수용**에 관하여 특별한 규정이 없으면 「**도시 및 주거환경정비법**」에 따른다.
③ 수용의 대상이 되는 토지의 **세부목록**을 고시한 경우에는 「공익사업을 위한 토지 등의 취득 및 보상에 관한 법률」에 따른 **사업인정** 및 그 고시가 있었던 것으로 **본다.**
④ 국가에 공급될 수 있는 **원형지** 면적은 도시개발구역 전체 토지면적의 **3분의 2**까지로 한다.
⑤ 시행자가 **토지상환채권**을 발행할 경우, 그 발행규모는 토지상환채권으로 상환할 토지·건축물이 도시개발사업으로 조성되는 분양토지 또는 분양건축물 면적의 **3분의 2**를 초과하지 않아야 한다.

해설 ① 시행자가 아니면 수용할 수 없다.
    ② 「공익사업을 위한 토지 등의 취득 및 보상에 관한 법률」을 준용한다.
    ④ 3분의 2 ⇨ 3분의 1
    ⑤ 3분의 2 ⇨ 2분의 1
정답 ③

144 도시개발법령상 「지방공기업법」에 따라 설립된 지방공사가 단독으로 토지상환채권을 발행하는 경우에 관한 설명으로 옳은 것은? 제33회 공인중개사

① 「은행법」에 따른 은행으로부터 지급**보증**을 받은 경우에만 토지상환채권을 발행할 수 있다.

② **토지상환채권**의 발행규모는 그 토지상환채권으로 상환할 토지·건축물이 해당 도시개발사업으로 조성되는 분양토지 또는 분양건축물 면적의 **2분의 1**을 초과하지 아니하도록 하여야 한다.

③ 토지상환채권은 이전할 수 없다.

④ 토지가격의 추산방법은 토지상환채권의 발행계획에 포함되지 않는다.

⑤ 토지 등의 매수 대금 **일부**의 지급을 위하여 토지상환채권을 **발행할 수 없다.**

> **해설** ① 지방공사는 지급보증을 받지 않아도 토지상환채권을 발행할 수 있다.
> ③ 토지상환채권은 이전할 수 있다. 토지상환채권을 이전하는 경우 취득자는 그 성명과 주소를 토지상환채권원부에 기재하여 줄 것을 요청하여야 하며, 취득자의 성명과 주소가 토지상환채권에 기재되지 아니하면 취득자는 발행자 및 그 밖의 제3자에게 대항하지 못한다.
> ④ 토지상환채권의 발행계획에는 토지가격의 추산방법이 포함된다.
> ⑤ 토지상환채권은 토지 등의 매수 대금 일부를 지급하기 위하여 발행한다.
>
> **정답** ②

145 도시개발법령상 한국토지주택공사가 발행하려는 토지상환채권의 발행계획에 포함되어야 하는 사항이 아닌 것은? 제35회 공인중개사

① **보증**기관 및 보증의 내용

② 토지가격의 추산방법

③ 상환대상지역 또는 상환대상토지의 용도

④ 토지상환채권의 발행가액 및 발행시기

⑤ 토지상환채권의 발행총액

> **해설** ① 보증기관 및 보증의 내용은 민간부문 시행자의 경우에만 해당한다. 한국토지주택공사가 발행하려는 경우이므로 ①은 토지상환채권의 발행계획에 포함되어야 하는 사항이 아니다.
>
> **정답** ①

146 도시개발법령상 수용 또는 사용의 방식에 따른 사업시행에 관한 설명으로 옳은 것은? 제30회 공인중개사

① 「지방공기업법」에 따라 설립된 **지방공사**가 시행자인 경우 토지 소유자 전원의 **동의** 없이는 도시개발사업에 필요한 토지등을 **수용**하거나 사용할 수 없다.

② **지방자치단체**가 시행자인 경우 지급**보증 없이** 토지상환채권을 발행할 수 있다.

③ 지정권자가 아닌 시행자는 조성토지 등을 공급받거나 이용하려는 자로부터 **지정권자**의 **승인 없이** 해당 대금의 전부 또는 일부를 미리 받을 수 있다.

④ **원형지**의 면적은 도시개발구역 전체 토지 면적의 **3분의 1**을 **초과**하여 공급될 수 있다.

⑤ 공공용지가 아닌 **조성토지** 등의 **공급**은 **수의계약**의 방법에 의하여야 한다.

> **해설** ① 지방공사는 동의없이 수용할 수 있다.
> ③ 선수금을 받으려면 지정권자의 승인을 받아야 한다.
> ④ 원형지의 면적은 도시개발구역 전체 토지 면적의 3분의 1 이내로 한정된다.
> ⑤ 조성토지 등의 공급은 경쟁입찰의 방법에 의하는 것이 원칙이다.
>
> **정답** ②

147 도시개발법령상 원형지의 공급과 개발에 관한 설명으로 틀린 것은? 제25회 공인중개사

① 원형지를 **공장 부지**로 **직접 사용**하는 자는 **원형지개발자**가 될 수 있다.

② **원형지**는 도시개발구역 전체 토지 면적의 **3분의 1**이내의 면적으로만 공급될 수 있다.

③ 원형지 공급 승인신청서에는 원형지 사용조건에 관한 서류가 첨부되어야 한다.

④ **원형지 공급가격**은 개발계획이 반영된 원형지의 **감정가격**으로 한다.

⑤ **지방자치단체**가 원형지개발자인 경우 원형지 공사 완료 공고일부터 5년이 경과하기 전에도 **원형지를 매각할 수 있다.**

> **해설** 원형지 공급가격은 시행자와 원형지개발자가 협의하여 결정한다.
>
> **정답** ④

148 도시개발법령상 토지등의 수용 또는 사용의 방식에 따른 사업 시행에 관한 설명으로 옳은 것은?

제32회 공인중개사

① 도시개발사업을 시행하는 지방자치단체는 도시개발구역지정 이후 그 시행 방식을 **혼용방식**에서 **수용 또는 사용방식**으로 **변경**할 수 있다.

② 도시개발사업을 시행하는 **정부출연기관**이 그 사업에 필요한 토지를 **수용**하려면 사업대상 토지면적의 3분의 2 이상에 해당하는 토지를 소유하고 토지 소유자 총수의 2분의 1 이상에 해당하는 자의 **동의**를 받아야 한다.

③ 도시개발**사업을 시행하는** 공공기관은 **토지상환채권**을 발행할 수 **없다.**

④ 원형지를 공급받아 개발하는 지방공사는 원형지에 대한 **공사완료 공고일부터 5년**이 **지난 시점**이라면 해당 **원형지를 매각할 수 있다.**

⑤ 원형지가 공공택지 용도인 경우 **원형지개발자의 선정**은 **추첨**의 방법으로 할 수 있다.

해설 ① 시행 방식을 수용 또는 사용방식에서 혼용방식으로, 수용 또는 사용방식에서 전부 환지방식으로, 혼용방식에서 전부 환지방식으로 변경할 수 있다. 따라서 혼용방식에서 수용 또는 사용방식으로 변경할 수 없다.
② 정부출연기관 등의 공공시행자가 토지 등을 수용하는 경우 동의를 받을 필요가 없다.
③ 공공기관을 포함하여 도시개발사업의 시행자는 토지상환채권을 발행할 수 있다.
⑤ 원형지개발자의 선정은 수의계약의 방법으로 한다. 공공택지를 추첨의 방법으로 공급할 수 있는 것은 조성토지의 경우이다.

정답 ④

149 도시개발법령상 원형지의 공급과 개발에 관한 설명으로 옳은 것은?

제34회 공인중개사

① 원형지를 **공장 부지로 직접 사용**하는 원형지개발자의 선정은 **경쟁입찰**의 방식으로 하며, 경쟁입찰이 2회 이상 유찰된 경우에는 수의계약의 방법으로 할 수 있다.

② 지정권자는 원형지의 공급을 승인할 때 용적률 등 개발밀도에 관한 이행**조건을 붙일 수 없다.**

③ **원형지 공급가격**은 원형지의 감정가격과 원형지에 설치한 기반시설 공사비의 합산 금액을 기준으로 시·도의 조례로 정한다.

④ 원형지개발자인 **지방자치단체**는 10년의 범위에서 대통령령으로 정하는 기간 안에는 **원형지를 매각할 수 없다.**

⑤ 원형지개발자가 공급받은 토지의 전부를 시행자의 동의없이 제3자에게 매각하는 경우 시행자는 원형지개발자에 대한 **시정요구 없이** 원형지 공급계약을 해제할 수 있다.

해설 ② 조건을 붙일 수 있다.
③ 원형지 공급가격은 개발계획이 반영된 원형지의 감정가격에 시행자가 원형지에 설치한 기반시설 등의 공사비를 더한 금액을 기준으로 시행자와 원형지개발자가 협의하여 결정한다.
④ 국가 및 지방자치단체에 대해서는 원형지의 매각제한에 관한 규정을 적용하지 않는다.
⑤ 2회 이상 시정을 요구하여야 하고, 원형지개발자가 시정하지 아니한 경우에는 원형지 공급계약을 해제할 수 있다.

정답 ①

150 도시개발법령상 다음 시설을 설치하기 위하여 조성
토지 등을 공급하는 경우 시행자가 부동산 가격공시
및 감정평가에 관한 법률에 따른 감정평가법인등이 감
정평가한 가격 이하로 해당 토지의 가격을 정할 수 <u>없</u>
<u>는</u> 것은?　　　　　　　　　　　　　제24회 공인중개사

① 학교
② 임대주택
③ 공공청사
④ 행정청이 「국토의 계획 및 이용에 관한 법률」에 따
　라 직접 설치하는 시장
⑤ 「사회복지사업법」에 따른 사회복지법인이 설치하는
　유료의 사회복지시설

해설　사회복지시설은 감정가격 이하로 토지가격을 정할 수 있
　　　으나 유료시설은 제외된다.
정답　⑤

151 도시개발법령상 조성토지 등의 공급에 관한 설명으로
옳은 것은?　　　　　　　　　　　　　제26회 공인중개사

① 지정권자가 아닌 시행자가 조성토지 등을 공급하려
　고 할 때에는 조성토지등의 **공급계획**을 작성하여 **지**
　정권자의 승인을 받아야 한다.
② 조성토지등을 공급하려고 할 때 「주택법」에 따른 **공**
　공택지의 공급은 **추첨**의 방법으로 분양할 수 없다.
③ 조성토지등의 가격 평가는 「부동산가격공시 및 감
　정평가에 관한 법률」에 따른 감정평가법인 등이 평
　가한 금액을 산술평균한 금액으로 한다.
④ **공공청사용지**를 지방자치단체에게 공급하는 경우에
　는 **수의계약**방법으로 할 수 없다.
⑤ **토지상환채권**에 의하여 토지를 상환하는 경우에는
　수의계약의 방법으로 할 수 없다.

해설　① 개정전에는 공급계획을 작성하여 지정권자에게 제출
　　　하여야 하였으나, 2021년 12월 개정으로 공급계획에
　　　대하여 지정권자의 승인을 받아야 하는 것으로 변경되
　　　었다. 따라서 옳은 내용이다.
　　　② 없다. ⇨ 있다.
　　　④⑤ 공공청사용지의 공급, 토지상환채권에 의한 토지상
　　　환은 수의계약으로 공급할 수 있다.
정답　①, ③

제6절 **환지방식에 의한 사업시행**

152 도시개발법령상 환지 방식에 의한 도시개발사업의 시
행에 관한 설명으로 옳은 것은?　　　　제30회 공인중개사

① 시행자는 준공검사를 받은 후 60일 이내에 지정권자
　에게 **환지처분을 신청**하여야 한다.
② 도시개발구역이 2 이상의 환지계획구역으로 구분되
　는 경우에도 사업비와 보류지는 도시개발구역 전체
　를 대상으로 책정하여야 하며, 환지계획구역별로는
　책정할 수 없다.
③ 도시개발구역에 있는 **조성토지** 등의 **가격**은 **개별공
　시지가**로 한다.
④ **환지 예정지**가 지정되어도 종전 토지의 임차권자는
　환지처분 공고일까지 **종전 토지를 사용·수익할 수
　있다.**
⑤ 환지 계획에는 필지별로 된 환지 명세와 필지별과 권
　리별로 된 청산 대상 토지 명세가 포함되어야 한다.

해설　① 환지처분은 시행자가 한다.
　　　② 도시개발구역이 2 이상의 환지계획구역으로 구분되는
　　　경우에는 환지계획구역별로 사업비 및 보류지를 책정
　　　하여야 한다.
　　　③ 토지평가협의회의 심의를 거쳐 결정한다.
　　　④ 종전 토지를 사용·수익할 수 없다.
정답　⑤

153 도시개발법령상 도시개발사업 시행자가 환지방식으
로 사업을 시행하려는 경우 환지계획에 포함되어야 할
사항이 <u>아닌</u> 것은?　　　　　　　　　제23회 공인중개사

① 환지설계
② 필지별로 된 환지명세
③ 필지별과 권리별로 된 청산대상 토지명세
④ 체비지 또는 보류지를 정한 경우 그 명세
⑤ 청산금의 결정

해설　청산금은 환지처분을 하는 때 결정된다.
정답　⑤

154 도시개발법령상 환지방식의 사업시행에 관한 설명으로 옳은 것은? (단, 사업시행자는 행정청이 아님)

제25회 공인중개사

① 사업시행자가 환지계획을 작성한 경우에는 특별자치도지사, **시·도지사의 인가**를 받아야 한다.

② **환지로 지정된 토지나 건축물을 금전으로 청산하는 내용으로** 환지계획을 **변경**하는 경우에는 변경**인가**를 받아야 한다.

③ 토지 소유자의 환지 제외 신청이 있더라도 해당 토지에 관한 **임차권자 등**이 **동의**하지 않는 경우에는 해당 토지를 **환지에서 제외**할 수 없다.

④ 환지예정지의 지정에 있으면 종전의 토지에 대한 **임차권** 등은 종전의 토지에 대해서는 물론 **환지예정지에 대해서도 소멸**한다.

⑤ 환지계획에서 환지를 정하지 아니한 종전의 토지에 있던 권리는 환지처분이 공고된 날의 **다음 날이 끝나는 때**에 **소멸**한다.

> **해설** ① 시장·군수·구청장의 인가를 받아야 한다.
> ② 경미한 변경으로 인가를 받지 아니한다.
> ④ 종전의 토지에 대한 임차권 등은 환지예정지에 대하여 권리 행사가 가능하다.
> ⑤ 환지처분이 공고된 날이 끝나는 때에 소멸한다.
> **정답** ③

155 도시개발법령상 환지의 방식에 관한 내용이다. (   )에 들어갈 내용을 옳게 연결한 것은?

제27회 공인중개사

> (㉠): 환지 전 토지에 대한 권리를 도시개발사업으로 조성되는 토지에 이전하는 방식
> (㉡): 환지 전 토지나 건축물(무허가 건축물은 제외)에 대한 권리를 도시개발사업으로 건설되는 구분건축물에 이전하는 방식

① ㉠: 평면 환지, ㉡: 입체 환지
② ㉠: 평가 환지, ㉡: 입체 환지
③ ㉠: 입체 환지, ㉡: 평면 환지
④ ㉠: 평면 환지, ㉡: 유동 환지
⑤ ㉠: 유동 환지, ㉡: 평면 환지

> **해설** 평면환지와 입체환지에 대한 내용이다.
> **정답** ①

156 도시개발법령상 환지 방식에 의한 사업 시행에 관한 설명으로 **틀린** 것은?

제24회 공인중개사

① 시행자는 규약으로 정하는 목적을 위하여 일정한 토지를 환지로 정하지 아니하고 보류지로 정할 수 있다.

② 시행자는 도시개발사업의 시행을 위하여 필요하면 도시개발구역의 토지에 대하여 환지예정지를 지정할 수 있다.

③ 시행자는 **체비지**의 용도로 환지 예정지가 지정된 경우에는 도시개발사업에 드는 비용을 충당하기 위하여 이를 **처분할 수 있다.**

④ 군수는 「주택법」에 따른 공동주택의 건설을 촉진하기 위하여 필요하다고 인정하면 체비지 중 일부를 같은 지역에 집단으로 정하게 할 수 있다.

⑤ **체비지**는 환지 계획에서 **정한 자**가 환지처분이 **공고된 날**에 해당 소유권을 **취득한다.**

> **해설** 체비지는 시행자가 환지처분 공고일의 다음날에 취득한다.
> **정답** ⑤

157 도시개발법령상 환지 방식에 의한 사업 시행에 관한 설명으로 **틀린** 것은?

제31회 공인중개사

① 지정권자는 도시개발사업을 **환지 방식**으로 시행하려고 **개발계획**을 수립할 때에 시행자가 **지방자치단체**이면 토지 소유자의 **동의**를 받을 필요가 **없다.**

② 시행자는 **체비지**의 용도로 환지 예정지가 지정된 경우에는 도시개발사업에 드는 비용을 충당하기 위하여 이를 **처분할 수 있다.**

③ 도시개발구역의 토지에 대한 **지역권**은 도시개발사업의 시행으로 **행사할 이익이 없어지면** 환지처분이 공고된 날이 **끝나는 때**에 **소멸**한다.

④ 지방자치단체가 도시개발사업의 전부를 환지 방식으로 시행하려고 할 때에는 도시개발사업의 시행규정을 작성하여야 한다.

⑤ 행정청이 아닌 시행자가 인가받은 환지 계획의 내용 중 **종전 토지의 합필 또는 분필로 환지명세가 변경**되는 경우에는 변경**인가**를 받아야 한다.

> **해설** 경미한 변경으로 인가를 받을 필요가 없다.
> **정답** ⑤

158 도시개발법령상 환지예정지의 지정에 관한 설명으로 틀린 것은? 제20회 공인중개사

① 시행자가 도시개발사업의 시행을 위해 필요한 경우에는 도시개발구역의 토지에 대하여 환지예정지를 지정할 수 있다.

② 종전의 토지에 대한 임차권자가 있는 경우에는 해당 환지예정지에 대하여 해당 권리의 목적인 토지 또는 그 부분을 아울러 지정하여야 한다.

③ 도시개발사업**비용**을 **충당**하기 위하여 환지예정지를 **체비지**의 용도로 지정할 수 있다.

④ 종전 토지의 임차권자는 **환지예정지** 지정 이후에도 환지처분이 공고되는 날까지 **종전의 토지를 사용**하거나 수익할 수 있다.

⑤ 환지예정지를 지정한 경우에 해당 토지의 사용에 장애가 될 물건이 그 토지에 있는 경우 그 토지의 사용을 시작할 날을 따로 정할 수 있다.

해설 종전의 토지를 사용하거나 수익할 수 없다.
정답 ④

159 도시개발법령상 환지 방식에 의한 사업 시행에 관한 설명으로 틀린 것은? 제35회 공인중개사

① 행정청이 아닌 시행자가 환지 계획을 작성하여 인가를 신청하려는 경우 토지 소유자와 임차권자 등에게 환지 계획의 기준 및 내용 등을 알려야 한다.

② 「집합건물의 소유 및 관리에 관한 법률」에 따른 대지사용권에 해당하는 토지지분은 분할환지할 수 없다.

③ 환지 예정지가 지정되면 종전의 토지의 소유자는 **환지 예정지** 지정의 **효력발생일**부터 **환지처분**이 공고되는 날까지 **종전의 토지를 사용할 수 없다.**

④ 도시개발사업으로 임차권의 목적인 토지의 이용이 방해를 받아 종전의 임대료가 불합리하게 된 경우라도, 환지처분이 공고된 날의 다음 날부터는 **임대료 감액을 청구할 수 없다.**

⑤ 도시개발사업의 시행으로 행사할 이익이 없어진 지역권은 **환지처분**이 공고된 날이 **끝나는 때에 소멸**한다.

해설 ④ 도시개발사업으로 임차권 등의 목적인 토지 또는 지역권에 관한 승역지(承役地)의 이용이 증진되거나 방해를 받아 종전의 임대료·지료, 그 밖의 사용료 등이 불합리하게 되면 당사자는 계약 조건에도 불구하고 장래에 관하여 그 증감을 청구할 수 있다. 다만, 환지처분이 공고된 날부터 60일이 지나면 임대료·지료, 그 밖의 사용료 등의 증감을 청구할 수 없다.
정답 ④

160 도시개발법령상 환지 방식에 의한 사업 시행에 관한 설명으로 틀린 것은? 제32회 공인중개사

① 도시개발사업을 입체 환지 방식으로 시행하는 경우에는 환지 계획에 건축 계획이 포함되어야 한다.

② 시행자는 토지면적의 규모를 조정할 특별한 필요가 있으면 면적이 **넓은 토지**는 그 면적을 줄여서 환지를 정하거나 **환지 대상에서 제외**할 수 있다.

③ 도시개발구역 지정권자가 정한 기준일의 다음 날부터 단독주택이 다세대주택으로 전환되는 경우 시행자는 해당 건축물에 대하여 금전으로 청산하거나 환지 지정을 제한할 수 있다.

④ 시행자는 환지 예정지를 지정한 경우에 해당 토지를 사용하거나 수익하는 데에 **장애**가 될 물건이 그 토지에 있으면 그 토지의 사용 또는 수익을 **시작할 날을 따로** 정할 수 있다.

⑤ 시행자는 환지를 **정**하지 아니하기로 결정된 토지 소유자나 임차권자 등에게 날짜를 정하여 그날부터 해당 토지 또는 해당 부분의 사용 또는 수익을 **정**지시킬 수 있다.

해설 시행자는 토지 면적의 규모를 조정할 특별한 필요가 있으면 면적이 작은 토지는 과소(過小) 토지가 되지 아니하도록 면적을 늘려 환지를 정하거나 환지 대상에서 제외할 수 있다. 면적이 넓은 토지는 그 면적을 줄여서 환지를 정할 수 있다.
정답 ②

161 도시개발법령상 환지와 관련한 설명 중 틀린 것은?

제17회 공인중개사

① 환지계획은 환지뿐만 아니라 종전의 토지의 위치·지목·면적 등의 사항을 종합적으로 고려하여 정한다.
② 조합인 시행자가 **환지계획**을 작성한 때에는 특별자치도지사·**시장·군수·구청장**의 **인가**를 받아야 한다.
③ 시행자는 **환지를 정하지 아니하기로 결정된 토지소**유자에게 결정공고가 있는 날의 다음 날부터 당해 토지를 **사용 또는 수익하게 하여야 한다.**
④ 환지계획에서 정하여진 **환지**는 그 환지처분의 공고가 있는 날의 **다음 날부터 종전의 토지**로 본다.
⑤ 종전의 토지에 관한 임차권자는 **환지예정지** 지정의 **효력발생일**부터 **환지처분**의 공고가 있는 날까지 환지예정지에 대하여 **종전과 동일한 내용의 권리를 행사**할 수 있다.

해설 시행자는 환지를 정하지 아니하기로 결정된 토지소유자 또는 임차권자 등에게 기일을 정하여 그 날로부터 당해 토지의 사용 또는 수익을 정지시킬 수 있다.
정답 ③

162 도시개발법령상 환지처분에 관한 설명으로 틀린 것은?

제33회 공인중개사

① 도시개발구역의 토지 소유자나 이해관계인은 환지 방식에 의한 도시개발사업 공사 관계 서류의 **공람기간**에 시행자에게 **의견서**를 **제출**할 수 있다.
② 환지를 정하거나 그 대상에서 제외한 경우 그 과부족분(過不足分)은 금전으로 청산하여야 한다.
③ 시행자는 지정권자에 의한 준공검사를 받은 경우에는 **90일** 이내에 **환지처분**을 하여야 한다.
④ 시행자가 환지처분을 하려는 경우에는 환지 계획에서 정한 사항을 토지 소유자에게 알리고 관보 또는 공보에 의해 이를 공고하여야 한다.
⑤ 환지 계획에서 정하여진 **환지**는 그 환지처분이 공고된 날의 **다음 날부터 종전의 토지**로 본다.

해설 ③ 시행자는 지정권자에 의한 준공검사를 받은 경우에는 60일 이내에 환지처분을 하여야 한다.
정답 ③

163 도시개발법령상 환지 방식으로 도시개발사업을 시행하는 경우, 환지처분에 관한 설명으로 틀린 것은?

제28회 공인중개사

① 시행자는 도시개발사업에 관한 **공사를 끝낸 경우**에는 지체 없이 관보 또는 공보에 이를 **공고**하여야 한다.
② **지정권자가 시행자**인 경우 법 제51조에 따른 **공사 완료 공고**가 있는 때에는 60일 이내에 **환지처분**을 하여야 한다.
③ 환지 계획에 따라 **입체환지**처분을 받은 자는 환지처분이 공고된 날의 **다음날**에 환지 계획으로 정하는 바에 따라 건축물의 일부와 해당 건축물이 있는 토지의 공유지분을 **취득**한다.
④ 체비지로 정해지지 않은 **보류지**는 환지 계획에서 **정한자**가 환지처분이 공고된 날의 **다음날**에 해당 소유권을 **취득**한다.
⑤ 도시개발사업의 시행으로 행사할 이익이 없어진 지역권은 환지처분이 공고된 날의 **다음날**이 **끝나는 때**에 **소멸**한다.

해설 '공고된 날의 다음날' ⇨ '공고된 날'
정답 ⑤

164 도시개발법령상 환지처분의 효과에 관한 설명으로 틀린 것은?

제26회 공인중개사

① 환지계획에서 정하여진 **환지**는 그 환지처분이 공고된 날의 **다음 날부터 종전의 토지**로 본다.
② 환지처분은 **행정상 처분**으로서 종전의 토지에 전속(專屬)하는 것에 관하여 **영향을 미친다.**
③ 도시개발구역의 토지에 대한 **지역권**은 도시개발사업의 시행으로 **행사할 이익이 없어진** 경우 환지처분이 공고된 날이 **끝나는 때**에 **소멸**한다.
④ **보류지**는 환지계획에서 **정한 자**가 환지처분이 공고된 날의 **다음날**에 해당 소유권을 **취득**한다.
⑤ **청산금**은 환지처분이 공고된 날의 **다음날**에 **확정**된다.

해설 행정상 처분으로서 종전의 토지에 전속(專屬)하는 것에 관하여 환지처분의 영향이 미치지 아니한다.
정답 ②

165 도시개발법령상 환지계획 및 청산금에 관한 설명으로 옳은 것은? 제21회 공인중개사

① 시행자는 면적이 작은 토지라도 환지대상에서 제외할 수는 없다.

② 시행자는 사업 대상 토지의 **소유자가 신청**하거나 동의하면 해당 토지에 관한 **임차권자의 동의가 없어도** 그 토지의 전부 또는 일부에 대하여 **환지를 정하지 않을 수 있다.**

③ 환지계획에서 정하여진 **환지**는 그 환지처분이 **공고된 날부터 종전의 토지로 본다.**

④ 환지를 정한 경우 그 과부족분에 대한 **청산금**은 환지처분을 하는 때에 결정하여야 하고, 환지처분이 공고된 날의 **다음 날에 확정**된다.

⑤ 청산금은 이자를 붙여 **분할**징수하거나 분할교부 할 수 **없다.**

> **해설** ① 면적이 작은 토지는 과소(過小) 토지가 되지 아니하도록 면적을 늘려 환지를 정하거나 환지 대상에서 제외할 수 있다.
> ② 토지소유자의 신청 또는 동의에 따라 환지를 정하지 아니하는 경우 임차권자 등의 동의를 받아야 한다.
> ③ 환지는 그 환지처분이 공고된 날의 다음날부터 종전의 토지로 본다.
> ⑤ 청산금은 이자를 붙여 분할징수하거나 분할교부 할 수 있다.
>
> **정답** ④

166 도시개발법령상 청산금제도에 관한 설명으로 **틀린** 것은? 제23회 공인중개사

① 환지를 정하거나 그 대상에서 제외한 경우 그 과부족 분은 금전으로 청산하여야 한다.

② 과소 토지여서 **환지대상에서 제외**한 토지에 대하여는 **청산금을 교부하는** 때에 청산금을 **결정**할 수 있다.

③ 토지면적의 규모를 조정할 특별한 필요가 있어 환지를 정하지 아니하는 토지에 대하여는 환지처분전이라도 청산금을 교부할 수 있다.

④ 청산금은 이자를 붙이더라도 **분할**교부 할 수 **없다.**

⑤ 청산 받을 권리나 징수할 권리를 **5년**간 행사하지 아니하면 **시효로 소멸**한다.

> **해설** 이자를 붙인다면 분할징수, 분할교부가 가능하다.
> **정답** ④

167 도시개발법령상 환지 방식에 의한 사업 시행에서의 청산금에 관한 설명으로 틀린 것은? 제34회 공인중개사

① 시행자는 토지 소유자의 동의에 따라 **환지를 정하지 아니하는 토지**에 대하여는 환지처분 전이라도 **청산금을 교부**할 수 있다.

② 토지 소유자의 신청에 따라 **환지 대상에서 제외**한 토지에 대하여는 **청산금을 교부하는 때에 청산금을 결정**할 수 없다.

③ 청산금을 받을 권리나 징수할 권리를 5년간 행사하지 아니하면 시효로 소멸한다.

④ 청산금을 대통령령으로 정하는 바에 따라 이자를 붙여 분할징수하거나 분할교부 할 수 있다.

⑤ 행정청이 아닌 시행자가 군수에게 청산금의 **징수를 위탁**한 경우 그 시행자는 군수가 징수한 금액의 **100분의 4**에 해당하는 금액을 해당 군에 지급하여야 한다.

> **해설** ② 환지 대상에서 제외한 토지 등에 대하여는 청산금을 교부하는 때에 청산금을 결정할 수 있다.
> **정답** ②

제7절 기타

168 도시개발법령상 체비지에 관한 설명으로 틀린 것은?
제19회 공인중개사

① 시행자는 도시개발사업의 필요한 경비 충당을 위해 보류지 중 일부를 체비지로 정할 수 있다.

② 시행자는 도시개발사업에 드는 비용을 충당하기 위해 체비지 용도로 지정된 환지예정지를 사용·수익하게 하거나 처분할 수 있다.

③ 이미 처분된 체비지는 그 체비지를 매입한 자가 소유권이전등기를 마친 때에 소유권을 취득한다.

④ 지정권자는 도시개발사업의 조성토지 등(체비지는 제외)이 그 사용으로 인하여 사업시행에 지장이 없는 경우에는 준공 전에 사용허가를 할 수 있다.

⑤ 시행자는 준공 전에 지정권자의 사용허가를 받지 아니하고는 조성토지인 체비지를 사용할 수 없다.

해설 시행자는 준공 전에는 지정권자의 사용허가를 받지 아니하고는 조성토지(체비지는 제외)를 사용할 수 없다.
정답 ⑤

169 도시개발법령상 준공검사 등에 관한 설명으로 틀린 것은?
제27회 공인중개사

① 도시개발사업의 준공검사 전에는 체비지를 사용할 수 없다.

② 지정권자는 효율적인 준공검사를 위하여 필요하면 관계 행정기관 등에 의뢰하여 준공검사를 할 수 있다.

③ 지정권자가 아닌 시행자는 도시개발사업에 관한 공사가 전부 끝나기 전이라도 공사가 끝난 부분에 관하여 준공검사를 받을 수 있다.

④ 지정권자가 아닌 시행자가 도시개발사업의 공사를 끝낸 때에는 공사완료 보고서를 작성하여 지정권자의 준공검사를 받아야 한다.

⑤ 지정권자가 시행자인 경우 그 시행자는 도시개발사업의 공사를 완료한 때에는 공사 완료 공고를 하여야 한다.

해설 체비지는 준공검사 전이라도 사용이 가능하다.
정답 ①

170 도시개발법령상 도시개발채권에 관한 설명으로 틀린 것은?
제28회 공인중개사

① 도시개발채권의 상환은 2년부터 10년까지의 범위에서 지방자치단체의 조례로 정한다.

② 도시개발채권의 소멸시효는 상환일부터 기산하여 원금은 5년, 이자는 2년으로 한다.

③ 수용 또는 사용방식으로 시행하는 도시개발사업의 경우 한국토지주택공사와 공사도급계약을 체결하는 자는 도시개발채권을 매입하여야 한다.

④ 도시개발채권은 무기명으로 발행할 수 있다.

⑤ 도시개발채권의 매입의무자가 매입하여야 할 금액을 초과하여 도시개발채권을 매입한 경우 중도상환을 신청할 수 있다.

해설 '2년부터 10년까지' ⇨ '5년부터 10년까지'
정답 ①

171 도시개발법령상 도시개발채권에 관한 설명으로 옳은 것은?
제29회 공인중개사

① 도시개발채권의 매입의무자가 아닌 자가 착오로 도시개발채권을 매입한 경우에는 도시개발채권을 중도에 상환할 수 있다.

② 시·도지사는 도시개발채권을 발행하려는 경우 채권의 발행총액에 대하여 국토교통부장관의 승인을 받아야 한다.

③ 도시개발채권의 상환은 3년부터 10년까지의 범위에서 지방자치단체의 조례로 정한다.

④ 도시개발채권의 소멸시효는 상환일부터 기산하여 원금은 3년, 이자는 2년으로 한다.

⑤ 도시개발채권 매입필증을 제출받는 자는 매입필증을 3년간 보관하여야 한다.

해설 ② 국토교통부장관 ⇨ 행정안전부장관
③ 3년부터 10년 ⇨ 5년부터 10년
④ 원금은 3년 ⇨ 원금은 5년
⑤ 매입필증을 제출받는 자는 매입자로부터 제출받은 매입필증을 5년간 따로 보관하여야 한다.
정답 ①

172 도시개발법령상 도시개발채권에 관한 설명으로 옳은 것은? 제32회 공인중개사

① 국토의 계획 및 이용에 관한 법률에 따른 공작물의 설치허가를 받은 자는 도시개발채권을 매입하여야 한다.

② 도시개발채권의 이율은 **기획재정부장관**이 국채·공채 등의 금리와 특별회계의 상황 등을 고려하여 정한다.

③ 도시개발채권을 발행하려는 시·도지사는 **기획재정부장관**의 승인을 받은 후 채권의 발행총액 등을 공고하여야 한다.

④ 도시개발채권의 상환기간은 5년보다 짧게 정할 수는 없다.

⑤ 도시개발사업을 공공기관이 시행하는 경우 해당 **공공기관의 장**은 **시·도지사의 승인**을 받아 **도시개발채권**을 발행할 수 있다.

> **해설** ④ 도시개발채권의 상환은 5년부터 10년까지의 범위에서 지방자치단체의 조례로 정한다. 따라서 5년보다 짧게 정할 수 없다.
>
> ① 국토의 계획 및 이용에 관한 법률에 따른 토지의 형질변경허가를 받은 자는 도시개발채권을 매입하여야 한다. 공작물의 설치허가를 받은 자는 도시개발채권의 매입의무자가 아니다.
>
> ② 도시개발채권의 이율은 채권의 발행 당시의 국채·공채 등의 금리와 특별회계의 상황 등을 고려하여 해당 시·도의 조례로 정한다.
>
> ③ 시·도지사는 도시개발채권의 발행하려는 경우에는 행정안전부장관의 승인을 받아야 한다.
>
> ⑤ 도시개발채권은 지방자치단체의 장(시·도지사)이 발행한다. 공공기관의 장은 도시개발채권을 발행할 수 없다.
>
> **정답** ④

Chapter 03

도시 및 주거환경정비법

제1절 총설

173 도시 및 주거환경정비법령상 다음의 정의에 해당하는 정비사업은?
제32회 공인중개사

> 도시**저소득** 주민이 집단거주하는 지역으로서 정비기반시설이 **극히 열악**하고 노후·불량건축물이 **과도하게 밀집**한 지역의 주거환경을 개선하거나 단독주택 및 다세대주택이 밀집한 지역에서 정비기반시설과 공동이용시설 확충을 통하여 주거환경을 보건·정비·개량하기 위한 사업

① 주거환경개선사업   ② 재건축사업
③ 공공재건축사업   ④ 재개발사업
⑤ 공공재개발사업

해설 주거환경개선사업이란 도시저소득 주민이 집단거주하는 지역으로서 정비기반시설이 극히 열악하고 노후·불량건축물이 과도하게 밀집한 지역의 주거환경을 개선하거나 단독주택 및 다세대주택이 밀집한 지역에서 정비기반시설과 공동이용시설 확충을 통하여 주거환경을 보전·정비·개량하기 위한 사업을 말한다.
정답 ①

174 도시 및 주거환경정비법령상 용어의 정의에 관한 설명으로 틀린 것은?
제23회 공인중개사 수정

① 건축물이 훼손되거나 일부가 멸실되어 붕괴 그 밖의 안전사고의 우려가 있는 건축물은 노후·불량건축물에 해당한다.
② **주거환경개선사업**이란 정비기반시설은 **양호**하나 노후·불량건축물이 밀집한 지역에서 주거환경을 개선하기 위하여 시행하는 사업을 말한다.
③ 도로, 상하수도, 공원, 공용주차장은 정비기반시설에 해당한다.
④ 재개발사업의 정비구역 안에 소재한 토지의 지상권자는 토지등소유자에 해당한다.
⑤ 「건축법」에 따라 건축허가를 얻어 아파트 또는 연립주택을 건설한 일단의 토지는 주택단지에 해당한다.

해설 정비기반시설이 양호한 지역에서 하는 사업은 재건축사업이다.
정답 ②

175 도시 및 주거환경정비법령상 "토지등소유자"에 해당하지 않는 자는?
제35회 공인중개사

① 주거환경개선사업 정비구역에 위치한 건축물의 소유자
② 재개발사업 정비구역에 위치한 토지의 지상권자
③ 재개발사업 정비구역에 위치한 건축물의 소유자
④ 재건축사업 정비구역에 위치한 건축물 및 그 부속토지의 소유자
⑤ 재건축사업 정비구역에 위치한 건축물 부속토지의 지상권자

해설 ⑤ 재건축사업의 경우 지상권자는 토지등소유자에 해당하지 않는다.
정답 ⑤

176 도시 및 주거환경정비법령상 정비기반시설에 해당하지 <u>않는</u> 것은? (단, 주거환경개선사업을 위하여 지정·고시된 정비구역이 아님) 제28회 공인중개사

① 공동작업장 ② 하천 ③ 공공공지
④ 공용주차장 ⑤ 공원

해설 공동작업장은 공동이용시설이다.
정답 ①

177 도시 및 주거환경정비법령상 정비기반시설에 해당하지 <u>않는</u> 것은? (단, 주거환경개선사업을 위하여 지정·고시된 정비구역이 아님) 제34회 공인중개사

① 녹지 ② 공공공지
③ 공용주차장 ④ 소방용수시설
⑤ 공동으로 사용하는 구판장

해설 ⑤ 공동으로 사용하는 구판장은 공동이용시설에 해당한다.
정답 ⑤

178 도시 및 주거환경정비법령상 주민이 공동으로 사용하는 시설로서 공동이용시설에 해당하지 <u>않는</u> 것은? (단, 조례는 고려하지 않으며, 각 시설은 단독주택, 공동주택 및 제1종 근린생활시설에 해당하지 않음) 제29회 공인중개사

① 유치원 ② 경로당 ③ 탁아소
④ 놀이터 ⑤ 어린이집

해설 탁아소, 어린이집 등은 공동이용시설이나 유치원은 이에 해당되지 않는다.
정답 ①

제2절 **기본방침 및 정비기본계획**

179 도시 및 주거환경정비법령사 도시·주거환경정비기본계획(이하 '기본계획'이라 함)의 수립에 관한 설명으로 틀린 것은? 제26회 공인중개사

① 도지사가 대도시가 아닌 시로서 기본계획을 수립할 필요가 없다고 인정하는 시에 대하여는 기본계획을 수립하지 아니할 수 있다.
② 기본계획을 수립하고자 하는 때에는 14일 이상 주민에게 공람하고 지방의회의 의견을 들어야 한다.
③ 대도시의 시장이 아닌 시장이 기본계획을 수립한 때에는 도지사의 승인을 얻어야 한다.
④ 기본계획을 수립한 때에는 지체 없이 당해 지방자치단체의 공보에 고시하여야 한다.
⑤ 기본계획에 대하여는 3년마다 그 타당성 여부를 검토하여 그 결과를 기본계획에 반영하여야 한다.

해설 3년마다 ⇨ 5년마다
정답 ⑤

180 도시 및 주거환경정비법령상 도시·주거환경정비기본계획(이하 '기본계획'이라 함)의 수립에 관한 설명으로 틀린 것은? 제29회 공인중개사

① 도지사가 대도시가 아닌 시로서 기본계획을 수립할 필요가 없다고 인정하는 시에 대하여는 기본계획을 수립하지 아니할 수 있다.

② 국토교통부장관은 기본계획에 대하여 5년마다 타당성 여부를 검토하여 그 결과를 기본계획에 반영하여야 한다.

③ 기본계획의 수립권자는 기본계획을 수립하려는 경우 14일 이상 주민에게 공람하여 의견을 들어야 한다.

④ 기본계획에는 사회복지시설 및 주민문화시설 등의 설치계획이 포함되어야 한다.

⑤ 대도시의 시장이 아닌 시장은 기본계획의 내용 중 정비사업의 계획기간을 단축하는 경우 도지사의 변경승인을 받지 아니할 수 있다.

해설 특별시장·광역시장·특별자치시장·특별자치도지사 또는 시장은 기본계획에 대하여 5년마다 타당성 여부를 검토하여 그 결과를 기본계획에 반영하여야 한다.

정답 ②

181 도시 및 주거환경정비법령상 재건축사업의 재건축진단에 관한 설명으로 틀린 것은? 제28회 공인중개사 수정

① 시장·군수 등은 정비예정구역별 정비계획의 수립시기가 도래한 때부터 사업시행계획인가 전까지 재건축진단을 실시하여야 한다.

② 재건축사업의 재건축진단은 주택단지(연접한 단지를 포함한다)의 건축물을 대상으로 한다.

③ 시장·군수 등은 대통령령으로 정하는 재건축진단기관에 의뢰하여 주거환경 적합성, 해당 건축물의 구조안전성, 건축마감, 설비노후도 등에 관한 재건축진단을 실시하여야 한다.

④ 시·도지사는 필요한 경우 국토안전관리원에 재건축진단 결과의 적정성 여부에 대한 검토를 의뢰할 수 있다.

⑤ 시장·군수 등은 재건축진단 결과보고서를 제출받은 경우에는 지체 없이 국토교통부장관에게 결정내용과 재건축진단 결과보고서를 제출하여야 한다.

해설 시장·군수 등은 재건축진단 결과보고서를 제출받은 경우에는 지체 없이 특별시장·광역시장·도지사에게 결정내용과 해당 재건축진단 결과보고서를 제출하여야 한다.

정답 ⑤

182 도시 및 주거환경정비법령상 정비구역 안에서의 행위 제한에 관한 설명으로 **틀린** 것은? 제20회 공인중개사

① 이동이 용이하지 아니한 물건을 **1월** 이상 **쌓아놓는 행위**는 시장·군수 등의 **허가를 받아야** 한다.

② 허가권자가 행위허가를 하고자 하는 경우로서 시행자가 있는 경우에는 미리 그 시행자의 의견을 들어야 한다.

③ **허가**받은 사항을 **변경**하고자 하는 때에는 시장·군수 등에게 **신고**하여야 한다.

④ 허가를 받아야 하는 행위로서 정비구역의 지정·고시 **당시** 이미 관계 법령에 따라 행위허가를 받아 공사에 **착수**한 자는 정비구역이 지정·고시된 날부터 **30일** 이내에 시장·군수 등에게 **신고**한 후 이를 계속 시행할 수 있다.

⑤ 정비구역 안에서 허가를 받은 행위는 「국토의 계획 및 이용에 관한 법률」에 따른 개발행위허가를 받은 것으로 본다.

[해설] 신고하여야 한다. ⇨ 허가를 받아야 한다.
[정답] ③

183 도시 및 주거환경정비법령상 정비구역 안에서의 행위 중 시장 군수 등의 허가를 받아야 하는 것을 모두 고른 것은? (단, 재해복구 또는 재난수습과 관련 없는 행위임) 제25회 공인중개사

> ㉠ 가설건축물의 건축
> ㉡ 죽목의 벌채
> ㉢ 공유수면의 매립
> ㉣ 이동이 쉽지 아니한 물건을 1월 이상 쌓아놓는 행위

① ㉠, ㉡   ② ㉢, ㉣   ③ ㉠, ㉡, ㉢
④ ㉡, ㉢, ㉣   ⑤ ㉠, ㉡, ㉢, ㉣

[해설] 모두 허가대상행위이다.
[정답] ⑤

184 도시 및 주거환경정비법령상 도시·주거환경정비기본계획의 수립 및 정비구역의 지정에 관한 설명으로 **틀린** 것은? 제30회 공인중개사

① 기본계획의 수립권자는 기본계획을 수립하려는 경우에는 **14일** 이상 주민에게 **공람**하여 의견을 들어야 한다.

② 기본계획의 수립권자는 기본계획을 수립한 때에는 지체없이 이를 해당 지방자치단체의 공보에 고시하고 일반인이 열람할 수 있도록 하여야 한다.

③ 정비구역의 지정권자는 정비구역의 진입로 설치를 위하여 필요한 경우에는 진입로 지역과 그 **인접지역**을 **포함**하여 정비구역을 지정할 수 **있다.**

④ 정비구역에서는 「주택법」에 따른 지역주택조합의 조합원을 모집해서는 아니 된다.

⑤ 정비구역에서 이동이 쉽지 아니한 물건을 **14일** 동안 **쌓아두기** 위해서는 시장·군수 등의 **허가를 받아야** 한다.

[해설] 14일 동안 ⇨ 1개월 이상
[정답] ⑤

185 도시 및 주거환경정비법령상 정비구역의 지정권자가 정비구역 등을 해제하여야 하는 경우가 <u>아닌</u> 것은?

제24회 공인중개사 수정

① 조합에 의한 재개발사업에서 토지등소유자가 정비**구역**으로 지정·고시된 날부터 **3년**이 되는 날까지 **조합설립인가**를 신청하지 아니하는 경우

② 조합에 의한 재개발사업에서 조합이 **조합설립인가**를 받은 날부터 **3년**이 되는 날까지 **사업시행계획인가**를 신청하지 아니하는 경우

③ 조합에 의한 재개발사업에서 토지등소유자가 정비**구역**으로 지정·고시된 날부터 **2년**이 되는 날까지 조합설립**추진위원회**의 승인을 신청하지 아니하는 경우

④ 정비예정구역에 대하여 기본계획에서 정한 정비구역지정 **예정일**부터 **3년**이 되는 날까지 구청장 등이 정비**구역**지정을 신청하지 아니하는 경우

⑤ 토지등소유자가 시행하는 재개발사업으로서 토지등소유자가 정비**구역**으로 지정·고시된 날부터 **4년**이 되는 날까지 **사업시행계획인가**를 신청하지 아니하는 경우

해설 4년 ⇨ 5년
정답 ⑤

제**4**절 정비사업의 시행자

186 도시 및 주거환경정비법령상 정비사업의 시행방법으로 허용되지 <u>않는</u> 것은?

제35회 공인중개사

① 주거환경개선사업 : 환지로 공급하는 방법

② 주거환경개선사업 : 인가받은 관리처분계획에 따라 주택 및 부대시설·복리시설을 건설하여 공급하는 방법

③ 재개발사업 : 인가받은 관리처분계획에 따라 건축물을 건설하여 공급하는 방법

④ 재개발사업 : 환지로 공급하는 방법

⑤ 재건축사업 : 「국토의 계획 및 이용에 관한 법률」에 따른 일반주거지역인 정비구역에서 인가받은 관리처분계획에 따라 「건축법」에 따른 오피스텔을 건설하여 공급하는 방법

해설 ⑤ 재건축사업에서 오피스텔을 건설하여 공급하는 경우에는 준주거지역 및 상업지역에서만 건설할 수 있다.
정답 ⑤

187 도시 및 주거환경정비법령상 정비사업의 시행방법으로 옳은 것만을 모두 고른 것은?

제29회 공인중개사

> ㉠ **주거환경개선사업** : 사업시행자가 **환지**로 공급하는 방법
> ㉡ **주거환경개선사업** : 사업시행자가 정비구역에서 인가받은 관리처분계획에 따라 주택, 부대시설·복리시설 및 **오피스텔**을 건설하여 공급하는 방법
> ㉢ **재개발사업** : 정비구역에서 인가받은 **관리처분계획**에 따라 **건축물**을 건설하여 공급하는 방법

① ㉠   ② ㉡   ③ ㉠, ㉢
④ ㉡, ㉢   ⑤ ㉠, ㉡, ㉢

해설 관리처분계획에 따라 주택, 부대시설·복리시설 및 오피스텔을 건설하여 공급하는 방법은 재건축사업의 시행방법이다.
정답 ③

188 도시 및 주거환경정비법령상 주거환경개선사업에 관한 설명으로 옳은 것만을 모두 고른 것은?

제28회 공인중개사

> ㉠ 시장·군수 등은 세입자의 **세대수가** 토지등소유자의 **2분의 1인 경우** 세입자의 동의절차 **없이** 토지주택공사등을 사업시행자로 지정할 수 있다.
> ㉡ 사업시행자는 '정비구역 안에서 정비기반시설을 새로이 설치하거나 확대하고 토지등소유자가 스스로 주택을 개량하는 방법' 및 '환지로 공급하는 방법'을 혼용할 수 있다.
> ㉢ 사업시행자는 사업의 시행으로 철거되는 주택의 소유자 또는 세입자에 대하여 당해 정비구역내·외에 소재한 임대주택 등의 시설에 임시로 거주하게 하거나 주택자금의 융자알선 등 **임시 거주**에 상응하는 조치를 **하여야 한다.**

① ㉠   ② ㉠, ㉡   ③ ㉠, ㉢
④ ㉡, ㉢   ⑤ ㉠, ㉡, ㉢

해설 모두 옳다.
정답 ⑤

189 도시 및 주거환경정비법령상 <u>재개발사업의 시공자 선정</u>에 관한 설명으로 틀린 것은?

제26회 공인중개사

① **토지등소유자**가 사업을 시행하는 경우에는 **경쟁입찰**의 방법으로 시공자를 선정해야 한다.
② 군수가 직접 정비사업을 시행하는 경우 주민대표회의가 시공자를 추천한 경우 군수는 추천받은 자를 시공자로 선정하여야 한다.
③ 주민대표회의가 시공자를 추천하기 위한 입찰방식에는 일반경쟁입찰·제한경쟁입찰 또는 지명경쟁입찰이 있다.
④ 조합원 **100명** 이하인 정비사업의 경우 조합총회에서 **정관**으로 정하는 바에 따라 시공자를 선정할 수 있다.
⑤ 사업시행자는 선정된 시공자와 공사에 관한 계약을 체결할 때에는 기존 건축물의 철거공사에 관한 사항을 포함하여야 한다.

해설 재개발사업을 토지등소유자가 시행하는 경우에는 사업시행계획인가의 고시후에 규약이 정하는 바에 따라 시공자를 선정하여야 한다.
정답 ①

190 도시 및 주거환경정비법령상 정비사업의 시행에 관한 설명으로 옳은 것은?

제32회 공인중개사

① 세입자의 세대수가 토지등소유자의 **3분의 1**에 해당하는 경우 시장·군수 등은 토지주택공사등을 **주거환경개선사업** 시행자로 지정하기 위해서는 **세입자의 동의**를 받아야 한다.
② **재개발사업**은 토지등소유자가 **30인**인 경우에는 **토지등소유자**가 **직접 시행**할 수 있다.
③ 재건축사업 조합설립추진위원회가 구성승인을 받은 날부터 2년이 되었음에도 조합설립인가를 신청하지 아니한 경우 시장·군수 등이 직접 시행할 수 있다.
④ 조합설립**추진위원회**는 토지등소유자의 수가 200인인 경우 5명 이상의 **이사**를 두어야 한다.
⑤ 주민대표회의는 토지등소유자의 과반수의 동의를 받아 구성하며, 위원장과 부위원장 각 1명과 1명 이상 3명 이하의 감사를 둔다.

해설 ① 세입자의 세대수가 토지등소유자의 2분의 1 이하인 경우 세입자의 동의절차를 거치지 아니할 수 있다.
② 재개발사업의 토지등소유자가 20인 미만인 경우에는 토지등소유자가 직접 시행할 수 있다.
③ 추진위원회가 시장·군수 등의 구성승인을 받은 날부터 3년 이내에 조합설립인가를 신청하지 아니하거나 조합이 조합설립인가를 받은 날부터 3년 이내에 사업시행계획인가를 신청하지 아니한 때 시장·군수 등이 직접 시행할 수 있다.
④ 추진위원회는 추진위원회를 대표하는 추진위원장 1명과 감사를 두어야 한다. 토지등소유자의 수가 100인을 초과하는 경우 이사의 수를 5명 이상으로 하여야 하는 것은 추진위원회가 아니라 조합의 임원에 관한 사항이다.
정답 ⑤

191 도시 및 주거환경정비법령상 조합설립 등에 관한 설명으로 옳은 것은? _{제35회 공인중개사}

① 재개발조합이 조합설립인가를 받은 날부터 3년 이내에 사업시행계획인가를 신청하지 아니한 때에는 시장·군수등은 직접 정비사업을 시행할 수 있다.

② **재개발**사업의 추진위원회가 조합을 설립하려면 토지등소유자의 **3분의 2** 이상 및 토지면적의 **2분의 1** 이상의 토지소유자의 **동의**를 받아야 한다.

③ 토지등소유자가 **30인** 미만인 경우 토지등소유자는 조합을 설립하지 아니하고 재개발사업을 시행할 수 있다.

④ 조합은 재개발조합설립인가를 받은 때에도 토지등소유자에게 그 내용을 통지하지 아니한다.

⑤ 추진위원회는 조합설립인가 후 지체 없이 추정분담금에 관한 정보를 토지등소유자에게 제공하여야 한다.

해설 ② 재개발사업의 추진위원회가 조합을 설립하려면 토지등소유자의 4분의 3 이상 및 토지면적의 2분의 1 이상의 토지소유자의 동의를 받아야 한다.
③ 토지등소유자가 20인 미만인 경우 토지등소유자는 조합을 설립하지 아니하고 재개발사업을 시행할 수 있다.
④ 조합은 조합설립인가를 받은 때에는 정관으로 정하는 바에 따라 토지등소유자에게 그 내용을 통지하고, 이해관계인이 열람할 수 있도록 하여야 한다.
⑤ 추진위원회는 조합설립에 필요한 동의를 받기 전에 추정분담금에 관한 정보를 토지등소유자에게 제공하여야 한다.

정답 ①

192 도시 및 주거환경정비법령상 조합설립인가를 받기 위한 동의에 관하여 (   )에 들어갈 내용을 바르게 나열한 것은? _{제31회 공인중개사}

> • **재개발사업**의 추진위원회가 조합을 설립하려면 토지등소유자의 (㉠) 이상 및 토지면적의 (㉡) 이상의 토지소유자의 **동의**를 받아야 한다.
> • **재건축사업**의 추진위원회가 조합을 설립하려는 경우 **주택단지**가 **아닌** 지역이 정비구역에 포함된 때에는 주택단지가 아닌 지역의 토지 또는 건축물 소유자의 (㉢) 이상 및 토지면적의 (㉣) 이상의 토지소유자의 **동의**를 받아야 한다.

① ㉠: 4분의 3, ㉡: 2분의 1, ㉢: 4분의 3, ㉣: 3분의 2
② ㉠: 4분의 3, ㉡: 3분의 1, ㉢: 4분의 3, ㉣: 2분의 1
③ ㉠: 4분의 3, ㉡: 2분의 1, ㉢: 3분의 2, ㉣: 2분의 1
④ ㉠: 2분의 1, ㉡: 3분의 1, ㉢: 2분의 1, ㉣: 3분의 2
⑤ ㉠: 2분의 1, ㉡: 3분의 1, ㉢: 4분의 3, ㉣: 2분의 1

해설 • 재개발사업의 추진위원회가 조합을 설립하려면 토지등소유자의 4분의 3 이상 및 토지면적의 2분의 1 이상의 토지소유자의 동의를 받아야 한다.
• 재건축사업의 추진위원회가 조합을 설립하려는 경우 주택단지가 아닌 지역이 정비구역에 포함된 때에는 주택단지가 아닌 지역의 토지 또는 건축물 소유자의 4분의 3 이상 및 토지면적의 3분의 2 이상의 토지소유자의 동의를 받아야 한다.

정답 ①

193 도시 및 주거환경정비법령상 조합설립 등에 관하여 ( )에 들어갈 내용을 바르게 나열한 것은?

제29회 공인중개사

> • **재개발사업**의 추진위원회가 조합을 설립하려면 토지등소유자의 (㉠) 이상 및 토지면적의 (㉡) 이상의 토지소유자의 **동의**를 받아 시장·군수 등의 인가를 받아야 한다.
> • 조합이 정관의 기재사항 중 **조합원의 자격**에 관한 사항을 변경하려는 경우에는 **총회**를 개최하여 조합원 (㉢) (이상)의 찬성으로 시장·군수 등의 인가를 받아야 한다.

① ㉠: 3분의 2, ㉡: 3분의 1, ㉢: 3분의 2
② ㉠: 3분의 2, ㉡: 2분의 1, ㉢: 과반수
③ ㉠: 4분의 3, ㉡: 3분의 1, ㉢: 과반수
④ ㉠: 4분의 3, ㉡: 2분의 1, ㉢: 3분의 2
⑤ ㉠: 4분의 3, ㉡: 3분의 2, ㉢: 과반수

해설 • 재개발사업의 조합설립 동의: 토지등소유자의 4분의 3 이상 및 토지면적의 2분의 1 이상의 토지소유자의 동의
• 조합의 변경인가를 위한 총회 의결: 조합원의 3분의 2 이상의 찬성
정답 ④

194 도시 및 주거환경정비법령상 재개발사업 조합의 설립을 위한 동의자 수 산정 시, 다음에서 산정되는 토지등소유자의 수는? (단, 권리관계는 제시된 것만 고려하며, 토지는 정비구역안에 소재함)

제25회 공인중개사

> • A, B, C 3인이 공유한 1필지 토지에 하나의 주택을 단독 소유한 D
> • 3필지의 나대지를 단독 소유한 E
> • 1필지의 나대지를 단독 소유한 F와 그 나대지에 대한 지상권자 G

① 3명   ② 4명   ③ 5명
④ 7명   ⑤ 9명

해설 A, B, C는 토지를 공유한 1인, D는 주택의 소유자로 1인, E는 다수 필지를 소유한 1인, F와 G는 토지소유자와 지상권자로서 대표 1인을 토지등소유자로 산정. 따라서 총 4명이다.
정답 ②

195 도시 및 주거환경정비법령상 재개발사업조합에 관한 설명으로 **틀린** 것은?

제23회 공인중개사

① 토지의 소유권이 수인의 **공유**에 속하는 때에는 그 수인을 대표하는 **1인**을 **조합원으로** 본다.
② 이사의 **자기를 위한** 조합과의 **계약**에 관하여는 **감사**가 조합을 대표한다.
③ 조합임원은 같은 목적의 정비사업을 하는 다른 조합의 임원 또는 직원을 **겸할 수 없다.**
④ 당연 퇴임된 조합임원이 퇴임 전에 관여한 행위는 그 효력을 잃지 않는다.
⑤ 조합의 **이사**는 당해 조합의 **대의원**이 될 수 있다.

해설 조합의 임원은 당해 조합의 대의원이 될 수 없다. 즉 이사는 조합의 임원이므로 대의원이 될 수 없다.
정답 ⑤

196 도시 및 주거환경정비법령상 조합의 임원에 관한 설명으로 **틀린** 것은?

제33회 공인중개사

① 토지등소유자의 수가 100인을 **초과**하는 경우 조합에 두는 **이사의 수**는 5명 이상으로 한다.
② 조합임원의 **임기**는 3년 이하의 범위에서 정관으로 정하되, **연임할 수 있다.**
③ 조합장이 아닌 조합**임원**은 **대의원**이 될 수 **있다.**
④ 조합임원은 같은 목적의 정비사업을 하는 다른 조합의 임원 또는 직원을 **겸할 수 없다.**
⑤ 시장·군수 등이 전문조합관리인을 선정한 경우 전문조합관리인이 업무를 대행할 임원은 당연 퇴임한다.

해설 ③ 조합장이 아닌 조합임원은 대의원이 될 수 없다.
정답 ③

197 도시 및 주거환경정비법령상 조합의 임원에 관한 설명으로 틀린 것은? 　　　제34회 공인중개사

① 조합임원의 임기만료 후 6개월 이상 조합임원이 선임되지 아니한 경우에는 시장·군수 등이 조합임원 선출을 위한 총회를 소집할 수 있다.
② 조합임원이 결격사유에 해당하게 되어 당연 퇴임한 경우 그가 **퇴임 전에 관여한 행위**는 그 효력을 잃는다.
③ 총회에서 요청하여 시장·군수 등이 전문조합관리인을 선정한 경우 전문조합관리인이 업무를 대행할 임원은 당연 퇴임한다.
④ 조합장이 아닌 조합**임원**은 **대의원**이 **될 수 없다.**
⑤ **대의원회**는 임기중 궐위된 **조합장**을 보궐선임할 수 없다.

　해설 ② 퇴임된 임원이 퇴임 전에 관여한 행위는 그 효력을 잃지 아니한다.
　정답 ②

198 도시 및 주거환경정비법령상 재개발사업 조합에 관한 설명으로 옳은 것은? 　　　제25회 공인중개사

① 재개발사업 추진위원회가 조합을 설립하려면 **시·도지사**의 **인가**를 받아야 한다.
② 조합원의 수가 **50인 이상**인 조합은 **대의원회를 두어야 한다.**
③ **조합원의 자격**에 관한 사항에 대하여 정관을 변경하고자 하는 경우 **총회**에서 조합원 **3분의 2 이상**의 **동의**를 얻어야 한다.
④ 조합의 **이사**는 **대의원회**에서 **해임**될 수 있다.
⑤ 조합의 **이사**는 조합의 **대의원**을 **겸할 수 있다.**

　해설 ① 시장·군수 등의 인가를 받아야 한다.
　　② 50인 ⇨ 100인
　　④ 임원의 선임 또는 해임은 총회의 의결을 거쳐야 한다.
　　⑤ 이사는 대의원을 겸할 수 없다.
　정답 ③

199 도시 및 주거환경정비법령상 정비사업의 시행에 관한 설명으로 옳은 것은? 　　　제30회 공인중개사

① 조합의 정관에는 정비구역의 위치 및 면적이 포함되어야 한다.
② 조합설립인가 후 시장·군수 등이 토지주택공사등을 사업시행자로 지정·고시한 때에는 그 **고시일에 조합설립인가**가 **취소된 것으로 본다.**
③ 조합은 명칭에 "정비사업조합"이라는 문자를 사용하지 않아도 된다.
④ 조합장이 **자기를 위하여** 조합과 **소송**을 할 때에는 **이사**가 조합을 대표한다.
⑤ **재건축사업**을 하는 정비구역에서 **오피스텔**을 건설하여 공급하는 경우에는 「국토의 계획 및 이용에 관한 법률」에 따른 **준주거지역** 및 **상업지역 이외**의 지역에서 오피스텔을 건설할 수 있다.

　해설 ② 고시일에 ⇨ 고시일의 다음 날에
　　③ "정비사업조합"이라는 문자를 사용하여야 한다.
　　④ 이사 ⇨ 감사
　　⑤ 준주거지역 및 상업지역에서 오피스텔을 건설할 수 있다.
　정답 ①

200 도시 및 주거환경정비법령상 조합총회의 의결사항 중 대의원회가 대행할 수 없는 사항을 모두 고른 것은? 　　　제32회 공인중개사

> ㉠ 조합임원의 해임
> ㉡ 사업완료로 인한 조합의 해산
> ㉢ 정비사업비의 변경
> ㉣ 정비사업전문관리업자의 선정 및 변경

① ㉠, ㉡, ㉢　② ㉠, ㉡, ㉣　③ ㉠, ㉢, ㉣
④ ㉡, ㉢, ㉣　⑤ ㉠, ㉡, ㉢, ㉣

　해설 ㉡ 조합의 해산은 대의원회가 대행할 수 없으나 사업완료로 조합을 해산하는 경우에는 대행할 수 있다.
　정답 ③

제5절 사업시행계획인가

201 도시 및 주거 환경정비법령상 사업시행계획 등에 관한 설명으로 틀린 것은? 제25회 공인중개사 수정

① 시장·군수 등은 **재개발사업**의 시행자가 **지정개발자**인 경우 시행자로 하여금 정비**사업비**의 **100분의 30**의 금액을 **예치**하게 할 수 있다.

② 사업시행계획서에는 사업시행기간 동안의 정비구역 내 가로등 설치, 폐쇄회로 텔레비전 설치 등 범죄 예방대책이 포함되어야 한다.

③ 시장·군수 등은 사업시행계획인가를 하려는 경우 정비구역으로부터 **200미터** 이내에 교육시설이 설치되어 있는 때에는 해당 지방자치단체의 **교육감** 또는 교육장과 **협의**하여야 한다.

④ 시장·군수 등은 사업시행계획인가를 하려는 경우에는 대통령령으로 정하는 방법 및 절차에 따라 관계 서류의 사본을 **14일** 이상 일반인이 **공람**할 수 있게 하여야 한다.

⑤ 사업시행자가 사업시행인가를 받은 후 **대지면적**을 **10퍼센트의 범위** 안에서 **변경**하는 경우 시장·군수 등에서 **신고**하여야 한다.

해설 100분의 30 ⇨ 100분의 20
정답 ①

제6절 사업시행을 위한 조치

202 도시 및 주거환경정비법령상 조합에 의한 재개발사업의 시행에 관한 설명으로 틀린 것은? 제25회 공인중개사

① 사업을 시행하고자 하는 경우 **시장·군수 등**에게 사업시행계획**인가**를 받아야 한다.

② 사업시행계획서에는 일부 건축물의 존치 또는 리모델링에 관한 내용이 포함될 수 있다.

③ 인가받은 사업시행계획 중 건축물이 아닌 부대·복리시설의 **위치**를 **변경**하고자 하는 경우에는 변경**인가**를 받아야 한다.

④ 사업시행으로 철거되는 주택의 소유자 또는 세입자를 위하여 사업시행자가 **지방자치단체의 건축물**을 임시거주시설로 사용하는 경우 **사용료** 또는 **대부료**는 **면제**된다.

⑤ 조합이 시·도지사 또는 토지주택공사등에게 재개발사업의 시행으로 건설된 임대주택의 인수를 요청하는 경우 **토지주택공사등이 우선**하여 **인수**하여야 한다.

해설 재개발사업의 시행으로 건설된 임대주택의 인수를 요청하는 경우 시·도지사 또는 시장·군수·구청장이 우선하여 인수하여야 하며, 시·도지사 또는 시장·군수·구청장이 예산·관리인력의 부족 등 부득이한 사정으로 인수하기 어려운 경우에는 국토교통부장관에게 토지주택공사등을 인수자로 지정할 것을 요청할 수 있다.
정답 ⑤

203 도시 및 주거환경정비법령상 정비사업시행을 위한 조치 등에 관한 설명으로 **틀린** 것은? 제19회 공인중개사

① 사업시행자는 **주거환경개선사업**의 시행으로 철거되는 주택의 소유자에게 해당 정비구역 안과 밖에 위치한 임대주택 등의 시설에 임시로 거주하게 하거나 주택자금의 융자를 알선하는 등 **임시거주**에 상승하는 조치를 **하여야 한다.**

② 국가가 사업시행자로부터 위 ①의 임시거주시설에 필요한 건축물의 사용신청을 받았음에도 이미 그 건축물의 매매**계약이 제3자와 체결**되어 있는 때에는 그 사용신청을 **거절할 수 있다.**

③ **주거환경개선사업**에 따른 건축허가를 받은 때에는 「주택도시기금법」상의 **국민주택채권** 매입에 관한 규정이 **적용된다.**

④ 정비사업의 시행으로 인하여 전세권의 설정목적을 달성할 수 없는 때에는 그 권리자는 계약을 해지할 수 있다.

⑤ 재건축사업을 시행하는 경우 조합설립인가일 현재 조합원 전체의 공동소유인 토지는 조합 소유의 토지로 본다.

해설 주거환경개선사업에 따른 건축허가를 받는 때에는 「주택도시기금법」에 따른 국민주택채권의 매입에 관한 규정을 적용하지 아니한다.

정답 ③

제**7**절 **관리처분계획**

204 도시 및 주거환경정비법령상 분양신청을 하지 아니한 자 등에 대한 조치에 관한 설명이다. ( )에 들어갈 내용을 바르게 나열한 것은? 제33회 공인중개사

> • 분양신청을 하지 아니한 토지등소유자가 있는 경우 사업시행자는 관리처분계획이 인가·고시된 다음 날부터 (㉠)일 이내에 그 자와 토지, 건축물 또는 그 밖의 권리의 손실보상에 관한 **협의**를 하여야 한다.
> • 위 협의가 성립되지 아니하면 사업시행자는 그 기간의 만료일 다음 날부터 (㉡)일 이내에 **수용재결**을 **신청**하거나 **매도청구소송**을 제기하여야 한다.

① ㉠: 60, ㉡: 30 　② ㉠: 60, ㉡: 60
③ ㉠: 60, ㉡: 90 　④ ㉠: 90, ㉡: 60
⑤ ㉠: 90, ㉡: 90

해설 • 분양신청을 하지 아니한 토지등소유자가 있는 경우 사업시행자는 관리처분계획이 인가·고시된 다음 날부터 90일 이내에 그 자와 토지, 건축물 또는 그 밖의 권리의 손실보상에 관한 협의를 하여야 한다.
• 위 협의가 성립되지 아니하면 사업시행자는 그 기간의 만료일 다음 날부터 60일 이내에 수용재결을 신청하거나 매도청구소송을 제기하여야 한다.

정답 ④

205 도시 및 주거환경정비법령상 사업시행자가 관리처분계획이 인가·고시된 다음 날부터 90일 이내에 손실보상 협의를 하여야 하는 토지등소유자를 모두 고른 것은? (단, 분양신청기간 종료일의 다음 날부터 협의를 시작할 수 있음) 제35회 공인중개사

> ㉠ 분양신청기간 내에 분양신청을 하지 아니한 자
> ㉡ 인가된 관리처분계획에 따라 분양대상에서 제외된 자
> ㉢ 분양신청기간 종료 후에 분양신청을 철회한 자

① ㉠
② ㉠, ㉡
③ ㉠, ㉢
④ ㉡, ㉢
⑤ ㉠, ㉡, ㉢

해설 ㉢ 분양신청기간 종료 이전에 분양신청을 철회한 자이다.
정답 ②

206 도시 및 주거환경정비법령상 관리처분계획의 기준에 관한 설명으로 **틀린** 것은? 제23회 공인중개사

① 같은 세대에 속하지 아니하는 2명 이상이 1주택을 **공유**한 경우에는 **소유자 수만큼** 주택을 **공급**하여야 한다.

② 지나치게 넓은 토지 또는 건축물에 대하여 필요한 경우에는 이를 감소시켜 대지 또는 건축물이 적정 규모가 되도록 한다.

③ **분양설계**에 관한 계획은 분양신청기간이 **만료되는** 날을 기준으로 하여 수립한다.

④ **근로자숙소·기숙사** 용도로 주택을 소유하고 있는 토지등소유자에게는 소유한 **주택 수만큼** 주택을 공급할 수 있다.

⑤ 너무 좁은 **토지** 또는 건축물이나 **정비구역 지정 후 분할**된 토지를 취득한 자에 대하여는 **현금**으로 **청산**할 수 있다.

해설 같은 세대에 속하지 아니하는 2명 이상이 1주택을 공유한 경우에는 1주택만 공급한다.
정답 ①

207 도시 및 주거환경정비법령상 관리처분계획 등에 관한 설명으로 옳은 것은? 제27회 공인중개사 수정

① 재개발사업의 관리처분은 정비구역안의 **지상권자에 대한 분양**을 포함하여야 한다.

② **재건축사업**의 **관리처분의 기준**은 조합원 **전원의 동의**를 받더라도 법령상 정하여진 관리처분의 기준과 **달리 정할 수 없다.**

③ 사업시행자는 폐공가의 밀집으로 우범지대화의 우려가 있는 경우 기존 건축물의 소유자의 동의 및 시장·군수의 허가를 얻어 해당 건축물을 철거할 수 있다.

④ 관리처분계획의 인가·고시가 있는 때에는 종전의 토지의 임차권자는 **사업시행자의 동의를 받더라도** 소유권의 이전고시가 있는 날까지 종전의 토지를 **사용할 수 없다.**

⑤ 관리처분계획에는 공동이용시설의 설치계획이 포함되어야 한다.

해설 ① 정비구역의 토지등소유자에 분양하되, 지상권자는 제외된다.
② 재건축사업의 경우 조합이 조합원 전원의 동의를 받아 관리처분의 기준을 따로 정할 수 있다.
④ 사업시행자의 동의를 받아 사용할 수 있다.
⑤ 공동이용시설의 설치계획은 사업시행계획에 포함된다.
정답 ③

208 도시 및 주거환경정비법령상 주택의 공급 등에 관한 설명으로 옳은 것은? 제28회 공인중개사

① 주거환경개선사업의 사업시행자는 정비사업의 시행으로 건설된 건축물을 인가된 사업시행계획에 따라 토지등소유자에게 공급하여야 한다.

② 국토교통부장관은 조합이 요청하는 경우 재건축사업의 시행으로 건설된 임대주택을 인수하여야 한다.

③ 시·도지사의 요청이 있는 경우 국토교통부장관은 인수한 임대주택의 일부를 「주택법」에 따른 토지임대부 분양주택으로 전환하여 공급하여야 한다.

④ 사업시행자는 정비사업의 시행으로 임대주택을 건설하는 경우 공급대상자에게 주택을 공급하고 남은 주택에 대하여 공급대상자외의 자에게 공급할 수 있다.

⑤ 관리처분계획상 분양대상자별 종전의 토지 또는 건축물의 명세에서 종전 주택의 주거전용면적이 60㎡를 넘지 않는 경우 2주택을 공급할 수 없다.

해설 ① 정비사업으로 건설된 건축물은 관리처분계획에 따라 토지등소유자에게 공급하여야 한다.
② 국토교통부장관, 시·도지사, 시장, 군수, 구청장 또는 토지주택공사등은 조합이 요청하는 경우 재개발사업의 시행으로 건설된 임대주택을 인수하여야 한다. 조합이 재개발사업의 시행으로 건설된 임대주택의 인수를 요청하는 경우 시·도지사 또는 시장, 군수, 구청장이 우선하여 인수하여야 하며, 시·도지사 또는 시장, 군수, 구청장이 예산·관리인력의 부족 등 부득이한 사정으로 인수하기 어려운 경우에는 국토교통부장관에게 토지주택공사등을 인수자로 지정할 것을 요청할 수 있다.
③ 시·도지사의 요청 ⇨ 세입자와 대통령령으로 정하는 면적 이하의 토지 또는 주택을 소유한 자의 요청
⑤ 사업시행인가의 고시가 있은 날을 기준으로 한 가격의 범위 또는 종전 주택의 주거전용면적의 범위에서 2주택을 공급할 수 있고, 이 중 1주택은 주거전용면적을 60제곱미터 이하로 한다.

정답 ④

209 도시 및 주거환경정비법령상 관리처분계획에 따른 처분 등에 관한 설명으로 **틀린** 것은? 제31회 공인중개사

① 정비사업의 시행으로 조성된 대지 및 건축물은 관리처분계획에 따라 처분 또는 관리하여야 한다.

② 사업시행자는 정비사업의 시행으로 건설된 건축물을 관리처분계획에 따라 토지등소유자에게 공급하여야 한다.

③ 환지를 공급하는 방법으로 시행하는 주거환경개선사업의 사업시행자가 정비구역에 주택을 건설하는 경우 주택의 공급 방법에 관하여 주택법에도 불구하고 시장·군수 등의 승인을 받아 따로 정할 수 있다.

④ 사업시행자는 분양신청을 받은 후 잔여분이 있는 경우에는 사업시행계획으로 정하는 목적을 위하여 그 잔여분을 조합원 또는 토지등소유자 이외의 자에게 분양할 수 있다.

⑤ 조합이 재개발임대주택의 인수를 요청하는 경우 국토교통부장관이 우선하여 인수하여야 한다.

해설 시·도지사 또는 시장·군수·구청장이 우선 인수한다.
정답 ⑤

210 도시 및 주거환경정비법령상 ( ) 안에 들어갈 내용으로 **틀린** 것은? 제23회 공인중개사

> 정비사업을 통하여 분양받을 건축물이 ( )에 해당하는 경우에는 기준일의 다음 날을 기준으로 건축물을 분양받을 권리를 산정한다.
> (기준일이란 정비구역의 지정·변경 고시가 있은 날 또는 시·도지사가 투기억제를 위하여 기본계획 수립 후 정비구역지정·고시 전에 따로 정하는 날을 말함)

① 1필지의 토지가 수개의 필지로 분할되는 경우

② 다가구주택이 다세대주택으로 전환되는 경우

③ 나대지에 건축물을 새로이 건축하여 토지등소유자가 증가되는 경우

④ 수개 필지의 토지가 1필지의 토지로 합병되어 토지등소유자가 감소하는 경우

⑤ 하나의 대지범위 안에 속하는 동일인 소유의 토지와 주택 등 건축물을 토지와 주택 등 건축물로 각각 분리하여 소유하는 경우

해설 수개 필지의 토지가 1필지의 토지로 합병되어 토지등소유자가 감소하는 경우는 해당 사유가 아니다.

정답 ④

---

211 도시 및 주거환경정비법령상 관리처분계획 등에 관한 설명으로 옳은 것은? (단, 조례는 고려하지 않음)

제32회 공인중개사

① **지분형주택**의 규모는 주거전용면적 **60제곱미터** 이하인 주택으로 한정한다.

② **분양신청기간의 연장**은 **30일**의 범위에서 한 차례만 할 수 있다.

③ 같은 세대에 속하지 아니하는 3명이 1토지를 **공유**한 경우에는 **3주택**을 공급하여야 한다.

④ 조합원 10분의 1 이상이 관리처분계획인가 신청이 있은 날부터 30일 이내에 관리처분계획의 타당성 검증을 요청한 경우 시장·군수는 이에 따라야 한다.

⑤ 시장·군수는 정비구역에서 면적이 100제곱미터의 토지를 소유한 자로서 건축물을 소유하지 아니한 자의 요청이 있는 경우에는 인수한 임대주택의 일부를 주택법에 따른 토지임대부 분양주택으로 전환하여 공급하여야 한다.

해설 ② 분양신청기간은 통지한 날부터 30일 이상 60일 이내로 하여야 한다. 다만, 사업시행자는 관리처분계획의 수립에 지장이 없다고 판단하는 경우에는 분양신청기간을 20일의 범위에서 한 차례만 연장할 수 있다.

③ 같은 세대에 속하지 아니하는 2명 이상이 1주택 또는 1토지를 공유한 경우에는 1주택만 공급한다.

④ 시장·군수 등은 조합원 5분의 1 이상이 관리처분계획인가 신청이 있은 날부터 15일 이내에 시장·군수 등에게 타당성 검증을 요청한 경우 대통령령으로 정하는 공공기관에 관리처분계획의 타당성 검증을 요청하여야 한다.

⑤ 국토교통부장관, 시·도지사, 시장, 군수, 구청장 또는 토지주택공사등은 정비구역에 세입자와 대통령령으로 정하는 면적 이하의 토지(90m² 미만의 토지를 소유하고 건축물을 소유하지 아니한 자) 또는 주택(40m² 미만의 사실상 주거용 건축물을 소유하고 토지를 소유하지 아니한자)을 소유한 자의 요청이 있는 경우에는 인수한 임대주택의 일부를 토지임대부 분양주택으로 전환하여 공급하여야 한다.

정답 ①

제8절 **공사완료에 따른 조치 등**

212 도시 및 주거환경정비법령상 사업시행계획인가를 받은 정비사업의 공사완료에 따른 조치 등에 관한 다음 절차를 진행순서에 따라 옳게 나열한 것은? (단, 관리처분계획 인가를 받은 사업이고, 공사의 전부 완료를 전제로 함)

제27회 공인중개사

> ㉠ 준공인가
> ㉡ 관리처분계획에 정한 사항을 분양받을 자에게 통지
> ㉢ 토지의 분할절차
> ㉣ 대지 또는 건축물의 소유권 이전고시

① ㉠ - ㉢ - ㉡ - ㉣
② ㉠ - ㉣ - ㉢ - ㉡
③ ㉡ - ㉠ - ㉢ - ㉣
④ ㉡ - ㉢ - ㉣ - ㉠
⑤ ㉢ - ㉣ - ㉠ - ㉡

해설 시장·군수 등은 준공검사를 실시한 결과 정비사업이 인가받은 사업시행계획대로 완료되었다고 인정되는 때에는 준공인가를 하고 공사의 완료를 해당 지방자치단체의 공보에 고시하여야 한다. 사업시행자는 공사완료의 고시가 있은 때에는 지체없이 대지확정측량을 하고 토지의 분할절차를 거쳐 관리처분계획에 정한 사항을 분양을 받을 자에게 통지하고 대지 또는 건축물의 소유권을 이전하여야 한다.

정답 ①

213 도시 및 주거환경정비법령상 공사완료에 따른 조치 등에 관한 설명으로 **틀린** 것은? _{제29회 공인중개사}

① 사업시행자인 지방공사가 정비사업 공사를 완료한 때에는 **시장·군수 등의 준공인가**를 받아야 한다.

② 시장·군수 등은 준공인가 전 사용허가를 하는 때에는 **동별·세대별** 또는 **구획별**로 **사용허가**를 할 수 있다.

③ 관리처분계획을 수립하는 경우 정비구역의 지정은 **이전 고시가 있은 날의 다음 날**에 **해제된 것으로 본다.**

④ 준공인가에 따른 **정비구역의 해제**가 있으면 **조합**은 **해산**된 것으로 본다.

⑤ 관리처분계획에 따라 소유권을 이전하는 경우 건축물을 분양받을 자는 **이전고시가 있은 날의 다음 날**에 그 건축물의 소유권을 **취득**한다.

해설 정비구역의 해제는 조합의 존속에 영향을 주지 아니한다.
정답 ④

214 도시 및 주거환경정비법령상 공사완료에 따른 조치 등에 관한 설명으로 **틀린** 것을 모두 고른 것은? _{제31회 공인중개사}

> ㉠ 정비사업의 효율적인 추진을 위하여 필요한 경우에는 해당 정비사업에 관한 공사가 전부 완료되지 전이라도 완공된 부분은 준공인가를 받아 **대지** 또는 **건축별**로 분양받을 자에게 **소유권**을 **이전**할 수 있다.
>
> ㉡ 준공인가에 따라 **정비구역의 지정이 해제**되면 **조합**도 **해산**된 것으로 본다.
>
> ㉢ 정비사업에 관하여 소유권의 이전고시가 있을 날부터는 대지 및 건축물에 관한 **등기가 없더라도** 저당권 등의 **다른 등기**를 할 수 **있다.**

① ㉠   ② ㉡   ③ ㉠, ㉡

④ ㉠, ㉢   ⑤ ㉡, ㉢

해설 ㉡ 정비구역의 해제는 조합의 존속에 영향을 주지 아니한다.
㉢ 대지 및 건축물에 관한 등기가 있을 때까지 저당권 등 다른 등기를 하지 못한다.
정답 ⑤

215 도시 및 주거환경정비법령상 정비사업의 청산금에 관한 설명으로 **옳은** 것은? _{제21회 공인중개사}

① 사업시행자는 **정관**이나 **총회의 결정**에도 불구하고 소유권이전고시 이전에는 **청산금**을 분양대상자에게 **지급할 수 없다.**

② 청산금을 지급받을 권리는 소유권 이전고시일 다음 날부터 **3년**간 이를 행사하지 아니하면 **소멸**한다.

③ 사업시행자는 청산금을 일시금으로 지급하여야 하고 이를 **분할하여** 지급하여서는 **안** 된다.

④ 정비사업 시행지역 내의 건축물의 저당권자는 그 건축물의 소유자가 지급받을 **청산금에 대하여** 청산금을 지급하기 전에 압류절차를 거쳐 **저당권을 행사할 수 있다.**

⑤ 청산금을 납부할 자가 이를 납부하지 아니하는 경우 **시장·군수**인 사업시행자는 **지방세체납처분**의 예에 의하여 이를 징수할 수 **없다.**

해설 ① 사업시행자는 정관이나 총회의 의결을 거쳐 관리처분계획 인가 후부터 소유권이전의 고시일까지 일정기간별로 분할 징수하거나 분할 지급할 수 있다.
② 청산금을 지급받을 권리는 소유권 이전고시일 다음 날로부터 5년간 이를 행사하지 아니하면 소멸한다.
③ 사업시행자는 청산금을 분할 지급할 수 있다.
⑤ 청산금을 납부할 자가 이를 납부하지 아니하는 경우 시장·군수인 사업시행자는 지방세체납처분의 예에 의하여 이를 징수할 수 있다.
정답 ④

216 도시 및 주거환경정비법령상 청산금에 관한 설명으로 틀린 것은?　　　제26회 공인중개사

① 조합 총회의 의결을 거쳐 정한 경우에는 **관리처분계획인가후**부터 **소유권 이전의 고시일**까지 청산금을 **분할징수**할 수 있다.

② 종전에 소유하고 있던 토지의 가격과 분양받은 대지의 가격은 그 토지의 규모·위치·용도·이용상황·정비사업비 등을 참작하여 평가하여야 한다.

③ 청산금을 납부할 자가 이를 납부하지 아니하는 경우에 **시장·군수 등**이 **아닌** 사업시행자는 시장·군수 등에게 청산금의 **징수**를 **위탁**할 수 있다.

④ 청산금을 징수할 권리는 소유권 **이전**의 **고시일로부터 5년**간 이를 행사하지 아니하면 **소멸**한다.

⑤ 정비사업의 시행지역 안에 있는 건축물에 저당권을 설정한 권리자는 그 건축물의 소유자가 지급받을 **청산금에 대하여** 청산금을 지급하기 전에 압류절차를 거쳐 **저당권을 행사할 수 있다.**

해설 소유권 이전 고시일의 '다음 날'부터 5년이다.
정답 ④

217 도시 및 주거환경정비법령상 청산금 및 비용부담 등에 관한 설명으로 옳은 것은?　　　제32회 공인중개사

① 청산금을 징수할 권리는 소유권 **이전고시일부터 3년**간 행사하지 아니하면 **소멸**한다.

② 정비구역의 국유·공유재산은 정비사업 외의 목적으로 매각되거나 양도될 수 없다.

③ 청산금을 지급 받을 자가 받기를 거부하더라도 사업시행자는 그 청산금을 **공탁할 수는 없다.**

④ **시장·군수 등**이 **아닌** 사업시행자는 부과금을 체납하는 자가 있는 때에는 **지방세 체납처분**의 예에 따라 부과·징수할 수 있다.

⑤ 국가 또는 지방자치단체는 토지임대부 분양주택을 공급받는 자에게 해당 공급비용의 전부를 융자할 **수는 없다.**

해설 ① 청산금을 징수할 권리는 소유권 이전고시일의 다음날부터 5년간 행사하지 아니하면 소멸한다.
③ 청산금을 지급받을 자가 받을 수 없거나 받기를 거부한 때에는 사업시행자는 그 청산금을 공탁할 수 있다.
④ 시장·군수 등이 아닌 사업시행자는 부과금 또는 연체료를 체납하는 자가 있는 때에는 시장·군수 등에게 그 부과·징수를 위탁할 수 있다.
⑤ 국가 또는 지방자치단체는 토지임대부 분양주택을 공급받는 자에게 해당 공급비용의 전부 또는 일부를 보조 또는 융자할 수 있다.
정답 ②

건축법

제1절 총설(용어정의)

218 건축법령상 '주요구조부'에 해당하지 않는 것만을 모두 고른 것은?　<small>제27회 공인중개사</small>

㉠ 지붕틀	㉡ 주계단
㉢ 사이기둥	㉣ 최하층 바닥

① ㉡
② ㉠, ㉢
③ ㉢, ㉣
④ ㉠, ㉡, ㉣
⑤ ㉠, ㉡, ㉢, ㉣

해설 사이기둥과 최하층 바닥은 주요구조부가 아니다.
정답 ③

219 건축법령상 특수구조 건축물의 특례에 관한 설명으로 옳은 것은? (단, 건축법령상 다른 특례 및 조례는 고려하지 않음)　<small>제32회 공인중개사</small>

① 건축 공사현장 안전관리 예치금에 관한 규정을 강화하여 적용할 수 있다.
② 대지의 조경에 관한 규정을 변경하여 적용할 수 있다.
③ 한쪽 끝은 고정되고 다른 끝은 지지되지 아니한 구조로 된 차양이 외벽(외벽이 없는 경우에는 외곽 기둥을 말함)의 중심선으로부터 3미터 이상 돌출된 건축물은 특수구조 건축물에 해당한다.
④ 기둥과 기둥 사이의 거리 (기둥의 중심선 사이의 거리를 말함)가 15미터인 건축물은 특수구조 건물로서 건축물 내진등급의 설정에 관한 규정을 강화하여 적용할 수 있다.
⑤ 특수구조 건축물을 건축하려는 건축주는 건축허가 신청 전에 허가권자에게 해당 건축물의 구조 안전에 관하여 지방건축위원회의 심의를 신청하여야 한다.

해설 ①② 건축 공사현장 안전관리 예치금에 관한 규정과 대지의 조경에 관한 규정은 특수구조 건축물에 대하여 강화 또는 변경하여 적용할 수 있는 사항이 아니다.
④ 기둥과 기둥 사이의 거리가 20미터 이상인 건축물이 특수구조 건축물이다.
⑤ 특수구조 건축물을 건축하려는 건축주는 착공신고를 하기 전에 허가권자에게 해당 건축물의 구조 안전에 관하여 지방건축위원회의 심의를 신청하여야 한다.
정답 ③

제2절 건축법의 적용범위

220 건축법령상 용어에 관한 설명으로 틀린 것은?　<small>제28회 공인중개사</small>

① 내력벽을 수선하더라도 수선되는 벽면적의 합계가 $30m^2$ 미만인 경우는 '대수선'에 포함되지 않는다.
② **지하**의 공작물에 설치하는 **점포**는 '건축물'에 해당하지 않는다.
③ 구조 계산서와 시방서는 '설계도서'에 해당한다.
④ '막다른 도로'의 구조와 너비는 '막다른 도로'가 '도로'에 해당하는지 여부를 판단하는 기준이 된다.
⑤ '고층건축물'이란 층수가 30층 이상이거나 높이가 120m 이상인 건축물을 말한다.

해설 지하 공작물에 설치하는 점포도 건축물에 해당된다.
정답 ②

221 건축법령상 용어에 관한 설명으로 옳은 것은?

제31회 공인중개사

① 건축물을 이전하는 것은 건축에 해당한다.
② 고층건축물에 해당하려면 건축물의 층수가 30층 이상이고 높이가 120미터 이상이어야 한다.
③ 건축물이 천재지변으로 멸실된 경우 그 대지에 종전 규모보다 연면적의 합계를 **늘려** 건축물을 다시 축조하는 것은 **재축**에 해당한다.
④ 건축물의 내력벽을 **해체하여** 같은 대지의 다른 위치로 옮기는 것은 **이전**에 해당한다.
⑤ 기존 건축물이 있는 대지에서 건축물의 내력벽을 증설하여 건축면적을 늘리는 것은 **대수선**에 해당한다.

해설 ② 30층 이상이고 ⇨ 30층 이상이거나
③ 신축이다.
④ 주요구조부를 해체하지 않아야 한다.
⑤ 증축이다.
정답 ①

222 건축법령상 건축물의 "대수선"에 해당하지 **않는** 것은? (단, 건축물의 증축·개축 또는 재축에 해당하지 않음)

제35회 공인중개사

① 보를 두 개 변경하는 것
② 기둥을 세 개 수선하는 것
③ 내력벽의 벽면적을 30제곱미터 수선하는 것
④ 특별피난계단을 변경하는 것
⑤ 다세대주택의 세대 간 경계벽을 증설하는 것

해설 ① 보를 세 개 이상 변경하는 것이 대수선에 해당한다.
정답 ①

223 다음 건축물 중 「건축법」의 적용을 받는 것은?

제28회 공인중개사

① 대지에 정착된 **컨테이너**를 이용한 **주택**
② 철도의 **선로 부지**에 있는 **운전보안시설**
③ 「문화유산의 보존 및 활용에 관한 법률」에 따른 **임시지정문화유산**
④ 고속도로 **통행료 징수시설**
⑤ 「하천법」에 따른 하천구역 내의 **수문조작실**

해설 ②~⑤는 건축법을 적용하지 아니하는 건축물이다.
정답 ①

224 건축법령상 철도의 선로 부지(敷地)에 있는 시설로서 「건축법」의 적용을 받지 **않는** 건축물만을 모두 고른 것은? (단, 건축법령 이외에 특례는 고려하지 않음)

제30회 공인중개사

㉠ 플랫폼
㉡ 운전보안시설
㉢ 철도 선로의 아래를 가로지르는 보행시설
㉣ 해당 철도사업용 급수(給水)·급탄(給炭) 및 급유(給油) 시설

① ㉠, ㉡, ㉢   ② ㉠, ㉡, ㉣
③ ㉠, ㉢, ㉣   ④ ㉡, ㉢, ㉣
⑤ ㉠, ㉡, ㉢, ㉣

해설 모두 건축법을 적용하지 아니하는 시설이다.
정답 ⑤

225 건축법령상 대지를 조성하기 위하여 건축물과 분리하여 공작물을 축조하려는 경우, 특별자치시장·특별자치도지사 또는 시장·군수·구청장에게 신고하여야 하는 공작물에 해당하지 <u>않는</u> 것은? (단, 공용건축물에 대한 특례는 고려하지 않음) 　제30회 공인중개사 수정

① 상업지역에 설치하는 높이 8미터의 통신용 철탑
② 높이 4미터의 옹벽
③ 높이 8미터의 굴뚝
④ 바닥면적 40제곱미터의 지하대피호
⑤ 높이 3미터의 장식탑

해설 4미터를 넘는 장식탑이 신고대상이다.
정답 ⑤

226 건축법령상 '건축'에 해당하는 것을 모두 고른 것은? 　제25회 공인중개사

> ㉠ 건축물이 없던 **나대지에 새로** 건축물을 축조하는 것
> ㉡ 기존 5층의 건축물이 있는 대지에서 건축물의 층수를 7층으로 **늘리는** 것
> ㉢ 태풍으로 **멸실**된 건축물을 그 대지에 종전과 **같은 규모**의 범위에서 다시 축조하는 것
> ㉣ 건축물의 주요구조부를 **해체**하지 **아니하고 같은 대지**에서 옆으로 5미터 옮기는 것

① ㉠, ㉡　　　② ㉢, ㉣　　　③ ㉠, ㉡, ㉢
④ ㉡, ㉢, ㉣　　⑤ ㉠, ㉡, ㉢, ㉣

해설 ㉠은 신축, ㉡은 증축, ㉢은 재축, ㉣은 이전으로 모두 건축행위에 해당된다.
정답 ⑤

227 건축법령상 제1종 근린생활시설에 해당하는 것은? (단, 동일한 건축물 안에서 당해 용도에 쓰이는 바닥 면적의 합계는 1,00m²임) 　제33회 공인중개사

① 극장　　　② 서점　　　③ 탁구장
④ 파출소　　⑤ 산후조리원

해설 ⑤ 산후조리원은 면적에 관계없이 제1종 근린생활시설에 해당된다.
① 극장은 500m² 미만이면 제2종 근린생활시설에 속하고 500m² 이상인 경우에는 문화 및 집회시설에 해당된다.
② 서점은 1,000m² 미만이면 제1종 근린생활시설에 속하고 1,000m² 이상인 경우에는 제2종 근린생활시설에 해당된다.
③ 탁구장은 500m² 미만이면 제1종 근린생활시설에 속하고 500m² 이상인 경우에는 운동시설에 해당된다.
④ 파출소는 1,000m² 미만이면 제1종 근린생활시설에 속하고 1,000m² 이상인 경우에는 업무시설에 해당된다.
정답 ⑤

228 甲은 A도 B군에서 숙박시설로 사용승인을 받은 바닥면적의 합계가 3천제곱미터인 건축물의 용도를 변경하려고 한다. 건축법령상 이에 관한 설명으로 틀린 것은? 　제31회 공인중개사

① 의료시설로 용도를 변경하려는 경우에는 용도변경 신고를 하여야 한다.
② 종교시설로 용도를 변경하려는 경우에는 용도변경 허가를 받아야 한다.
③ 甲이 바닥면적의 합계 **1천제곱미터**의 부분에 대해서만 업무시설로 용도를 변경하는 경우에는 **사용승인**을 받지 않아도 된다.
④ A도지사는 도시·군계획에 특히 필요하다고 인정하면 B군수의 용도변경허가를 제한할 수 있다.
⑤ B군수는 甲이 판매시설과 위락시설의 복수 용도로 용도변경 신청을 한 경우 지방건축위원회의 심의를 거쳐 이를 허용할 수 있다.

해설 용도변경 면적이 100m² 이상이므로 사용승인을 받아야 한다.
정답 ③

229 건축법령상 사용승인을 받은 건축물을 용도변경하기 위해 허가를 필요로 하는 경우는? (단, 조례는 고려하지 않음) 제22회 공인중개사

① 업무시설을 판매시설로 용도변경하는 경우
② 숙박시설을 제1종 근린생활시설로 용도변경하는 경우
③ 장례식장을 종교시설로 용도변경하는 경우
④ 수련시설을 공동주택으로 용도변경하는 경우
⑤ 공장을 관광휴게시설로 용도변경하는 경우

(해설) ②~⑤는 하위시설군으로 변경하는 사항이므로 신고대상이고, ①은 상위시설군으로의 변경이므로 허가대상이다.
(정답) ①

230 건축주인 甲은 4층 건축물을 병원으로 사용하던 중 이를 서점으로 용도변경하고자 한다. 건축법령상 이에 관한 설명으로 옳은 것은? (단, 다른 조건은 고려하지 않음) 제29회 공인중개사

① 甲이 용도변경을 위하여 건축물을 대수선할 경우 그 설계는 건축사가 아니어도 할 수 있다.
② 甲은 건축물의 용도를 서점으로 변경하려면 용도변경을 신고하여야 한다.
③ 甲은 서점에 다른 용도를 추가하여 복수용도로 용도변경 신청을 할 수 없다.
④ 甲의 병원이 준주거지역에 위치하고 있다면 서점으로 용도변경을 할 수 없다.
⑤ 甲은 서점으로 용도변경을 할 경우 피난 용도로 쓸 수 있는 광장을 옥상에 설치하여야 한다.

(해설) ① 연면적이 200제곱미터 미만이고 층수가 3층 미만인 건축물의 대수선의 설계는 건축사가 아니어도 할 수 있다. 4층 건축물이므로 이에 해당하지 않는다.
③ 건축주는 건축물의 용도를 복수로 하여 건축허가, 건축신고 및 용도변경 허가·신고 또는 건축물대장 기재 내용의 변경 신청을 할 수 있다.
④ 준주거지역에서 서점으로의 용도변경이 가능하다.
⑤ 5층 이상인 경우 옥상광장을 설치할 의무가 있다.
(정답) ②

231 건축법령상 건축법의 적용에 관한 설명으로 틀린 것은? 제22회 공인중개사

① 철도의 **선로부지**에 있는 **플랫폼**을 건축하는 경우에는 건축법상 건폐율규정이 적용되지 않는다.
② **고속도로 통행료 징수시설**을 건축하는 경우에는 건축법상 대지의 분할제한규정이 적용되지 않는다.
③ **지구단위계획구역**이 아닌 **계획관리지역**으로서 **동이나 읍이 아닌 지역**에서는 건축법상 **대지분할제한** 규정이 적용되지 않는다.
④ **지구단위계획구역**이 아닌 **계획관리지역**으로서 **동이나 읍이 아닌 지역**에서는 건축법상 **건축선**에 따른 건축제한 규정이 적용되지 않는다.
⑤ **지구단위계획구역**이 아닌 **계획관리지역**으로서 **동이나 읍이 아닌 지역**에서는 건축법상 **용적률** 규정이 적용되지 않는다.

(해설) 용적률 규정은 적용받는다.
(정답) ⑤

제3절 건축물의 건축

232 건축법령상 건축허가대상 건축물을 건축하려는 자가 건축 관련 입지와 규모의 사전결정 통지를 받은 경우에 허가를 받은 것으로 볼 수 있는 것을 모두 고른 것은? (단, 미리 관계 행정기관의 장과 사전결정에 관하여 협의한 것을 전제로 함)
제33회 공인중개사

> ㉠ 「농지법」 제34조에 따른 농지전용허가
> ㉡ 「하천법」 제33조에 따른 하천점용허가
> ㉢ 「국토의 계획 및 이용에 관한 법률」 제56조에 따른 개발행위허가
> ㉣ **도시지역 외**의 지역에서 「산지관리법」 제14조에 따른 **보전산지**에 대한 산지전용허가

① ㉠, ㉡   ② ㉢, ㉣   ③ ㉠, ㉡, ㉢
④ ㉡, ㉢, ㉣   ⑤ ㉠, ㉡, ㉢, ㉣

해설 사전결정 통지를 받은 경우에는 다음 각 호의 허가를 받거나 신고 또는 협의를 한 것으로 본다.

> 1. 「국토의 계획 및 이용에 관한 법률」에 따른 개발행위허가
> 2. 「산지관리법」에 따른 산지전용허가와 산지전용신고, 산지일시사용허가·신고. 다만, 보전산지인 경우에는 도시지역만 해당된다.
> 3. 「농지법」에 따른 농지전용허가·신고 및 협의
> 4. 「하천법」에 따른 하천점용허가

정답 ③

233 건축법령상 건축허가 대상 건축물을 건축하려는 자가 허가권자의 사전결정통지를 받은 경우 그 허가를 받은 것으로 볼 수 있는 것만을 모두 고른 것은?
제30회 공인중개사

> ㉠ 「국토의 계획 및 이용에 관한 법률」 제56조에 따른 개발행위허가
> ㉡ 「산지관리법」 제15조의2에 따른 **도시지역 안의 보전산지**에 대한 산지일시사용허가
> ㉢ 「산지관리법」 제14조에 따른 **농림지역 안의 보전산지**에 대한 산지전용허가
> ㉣ 「농지법」 제34조에 따른 농지전용허가

① ㉠, ㉡   ② ㉠, ㉡, ㉣
③ ㉠, ㉢, ㉣   ④ ㉡, ㉢, ㉣
⑤ ㉠, ㉡, ㉢, ㉣

해설 ㉢ 보전산지의 경우 도시지역에서만 산지전용허가 등이 의제된다.

정답 ②

234 건축법령상 건축허가의 사전결정에 관한 설명으로 틀린 것은?
제28회 공인중개사

① 사전결정을 할 수 있는 자는 건축허가권자이다.
② 사전결정 신청사항에는 건축허가를 받기 위하여 신청자가 고려하여야 할 사항이 포함될 수 있다.
③ 사전결정의 통지로써 「국토의 계획 및 이용에 관한 법률」에 따른 개발행위허가가 의제되는 경우 허가권자는 사전결정을 하기에 앞서 관계 행정기관의 장과 협의하여야 한다.
④ 사전결정신청자는 건축위원회 심의와 「도시교통정비 촉진법」에 따른 교통영향평가서의 검토를 동시에 신청할 수 있다.
⑤ 사전결정신청자는 **사전결정**을 **통지**받은 날부터 **2년 이내**에 **착공신고**를 하여야 하며, 이 기간에 착공신고를 하지 아니하면 사전결정의 효력이 상실된다.

해설 사전결정신청자는 사전결정을 통지받은 날부터 2년 이내에 건축허가를 신청하여야 하며, 이 기간에 건축허가를 신청하지 아니하면 사전결정의 효력이 상실된다.

정답 ⑤

235 건축법령상 건축허가를 받으려는 자가 해당 대지의 소유권을 확보하지 않아도 되는 경우만을 모두 고른 것은?

> ㉠ 분양을 목적으로 하는 공동주택의 건축주가 그 대지를 사용할 수 있는 권원을 확보한 경우
> ㉡ 건축주가 집합건물의 공용부분을 변경하기 위하여 「집합건물의 소유 및 관리에 관한 법률」 제15조 제1항에 따른 결의가 있었음을 증명한 경우
> ㉢ 건축하려는 대지에 포함된 국유지에 대하여 허가권자가 해당 토지의 관리청이 해당 토지를 건축주에게 매각할 것을 확인한 경우

① ㉠　　② ㉡　　③ ㉠, ㉢
④ ㉡, ㉢　　⑤ ㉠, ㉡, ㉢

해설 건축주가 대지의 소유권을 확보하지 못하였으나 그 대지를 사용할 수 있는 권원을 확보한 경우 대지의 소유권을 확보하지 않아도 건축허가를 신청할 수 있으나, 분양을 목적으로 하는 공동주택은 그러하지 아니하다.
정답 ④

236 甲은 A광역시 B구에서 20층 연면적 합계가 5만제곱미터인 허가대상 건축물을 신축하려고 한다. 건축법령상 이에 관한 설명으로 틀린 것은? (단, 건축법령상 특례규정은 고려하지 않음)

① 甲은 B구청장에게 건축허가를 받아야 한다.
② 甲이 건축허가를 받은 경우에도 해당 대지를 조성하기 위해 높이 5미터의 옹벽을 축조하려면 따로 공작물 축조신고를 하여야 한다.
③ 甲이 건축허가를 받은 이후에 공사시공자를 변경하는 경우에는 B구청장에게 신고하여야 한다.
④ 甲이 건축허가를 받은 경우에도 A광역시장은 지역계획에 특히 필요하다고 인정하면 甲의 건축물 착공을 제한할 수 있다.
⑤ 공사감리자는 필요하다고 인정하면 공사시공자에게 상세시공도면을 작성하도록 요청할 수 있다.

해설 건축허가를 받으면 공작물 축조신고를 한 것으로 본다.
정답 ②

237 건축법령상 건축허가 및 건축신고에 관한 설명으로 틀린 것은?

① 수질을 보호하기 위하여 도지사가 지정·공고한 구역에 시장·군수가 3층의 관광호텔의 건축을 허가하기 위해서는 도지사의 사전승인을 받아야 한다.
② 숙박시설에 해당하는 건축물의 건축을 허가하는 경우 건축물의 용도·규모 또는 형태가 주거환경이나 교육환경 등 주변 환경을 고려할 때 부적합하다고 인정되면 건축위원회의 심의를 거쳐 건축허가를 하지 않을 수 있다.
③ 특별시장·광역시장·도지사는 시장·군수·구청장의 건축허가를 제한한 경우 즉시 국토교통부장관에게 보고하여야 한다.
④ 연면적이 180제곱미터이고 2층인 건축물의 대수선은 건축신고의 대상이다.
⑤ 건축신고를 한 자가 신고일부터 6개월 이내에 공사에 착수하지 아니하면 그 신고의 효력은 없어진다.

해설 신고를 한 자가 신고일부터 1년 이내에 공사에 착수하지 아니하면 그 신고의 효력은 없어진다.
정답 ⑤

238 건축법령상 건축허가의 제한에 관한 설명으로 틀린 것은?

① 국방부장관이 국방을 위하여 특히 필요하다고 인정하여 요청하면 국토교통부장관은 허가권자의 건축허가를 제한할 수 있다.
② 교육감이 교육환경의 개선을 위하여 특히 필요하다고 인정하여 요청하면 국토교통부장관은 허가를 받은 건축물의 착공을 제한할 수 있다.
③ 특별시장은 지역계획에 특히 필요하다고 인정하면 관할 구청장의 건축허가를 제한할 수 있다.
④ 건축물의 착공을 제한하는 경우 제한기간은 2년 이내로 하되, 1회에 한하여 1년 이내의 범위에서 제한기간을 연장할 수 있다.
⑤ 도지사가 관할 군수의 건축허가를 제한한 경우, 국토교통부장관은 제한 내용이 지나치다고 인정하면 해제를 명할 수 있다.

해설 국토교통부장관은 주무부장관이 요청하면 허가권자의 건축허가나 허가를 받은 건축물의 착공을 제한할 수 있다. 교육감은 주무부장관이 아니다.

정답 ②

---

239 건축법령상 건축허가 제한에 관한 설명으로 옳은 것은?

제32회 공인중개사

① 국방, 국가유산의 보존 또는 국민경제를 위하여 특히 필요한 경우 **주무부장관은** 허가권자의 건축허가를 제한할 수 있다.

② 지역계획을 위하여 특히 필요한 경우 **도지사는 특별자치시장**의 건축허가를 제한할 수 있다.

③ 건축허가를 제한하는 경우 건축허가 **제한기간은 2년** 이내로 하며, 1회에 한하여 **1년** 이내의 범위에서 제한 기간을 **연장**할 수 있다.

④ 시 · 도지사가 건축허가를 제한하는 경우에는 토지이용규제 기본법에 따라 주민의견을 청취**하거나** 건축위원회의 심의를 거쳐야 한다.

⑤ **국토교통부장관**은 건축허가를 제한하는 경우 제한 목적 · 기간, 대상 건축물의 용도와 대상 구역의 위치 · 면적 · 경계를 지체없이 **공고**하여야 한다.

해설 ① 주무부장관의 요청에 따라 국토교통부장관이 허가권자의 건축허가를 제한할 수 있다.

② 도지사는 시장 · 군수의 건축허가를 제한할 수 있다.

④ 시 · 도지사가 건축허가를 제한하는 경우에는 토지이용규제 기본법에 따라 주민의견을 청취한 후 건축위원회의 심의를 거쳐야 한다.

⑤ 국토교통부장관은 건축허가를 제한하는 경우 제한 목적 · 기간 등을 허가권자에게 통보하여야 하며, 통보를 받은 허가권자는 지체 없이 이를 공고하여야 한다.

정답 ③

---

240 건축법령상 건축허가 제한 등에 관한 설명으로 옳은 것은?

제35회 공인중개사

① 도지사는 지역계획에 특히 필요하다고 인정하더라도 허가 받은 건축물의 **착공을 제한할 수 없다.**

② **시장 · 군수 · 구청장이 건축허가를 제한**하려는 경우에는 주민의견을 청취한 후 **도시계획위원회**의 심의를 거쳐야 한다.

③ 건축허가를 제한하는 경우 **제한기간은 2년** 이내로 하며, 1회에 한하여 **1년** 이내의 범위에서 제한기간을 **연장**할 수 있다.

④ 건축허가를 제한하는 경우 **국토교통부장관**은 제한 목적 · 기간 등을 상세하게 정하여 지체 없이 **공고**하여야 한다.

⑤ 건축허가를 제한한 경우 허가권자는 즉시 국토교통부장관에게 보고하여야 하며, 보고를 받은 **국토교통부장관**은 제한 내용이 지나치다고 인정하면 **직권으로** 이를 **해제**하여야 한다.

해설 ① 허가 받은 건축물의 착공을 제한할 수 있다.

② 국토교통부장관이나 시 · 도지사는 건축허가나 건축허가를 받은 건축물의 착공을 제한하려는 경우에는 주민의견을 청취한 후 건축위원회의 심의를 거쳐야 한다.

④ 국토교통부장관이나 특별시장 · 광역시장 · 도지사는 건축허가나 건축물의 착공을 제한하는 경우 제한 목적 · 기간, 대상 건축물의 용도와 대상 구역의 위치 · 면적 · 경계 등을 상세하게 정하여 허가권자에게 통보하여야 하며, 통보를 받은 허가권자는 지체 없이 이를 공고하여야 한다.

⑤ 특별시장 · 광역시장 · 도지사는 시장 · 군수 · 구청장의 건축허가나 건축물의 착공을 제한한 경우 즉시 국토교통부장관에게 보고하여야 하며, 보고를 받은 국토교통부장관은 제한 내용이 지나치다고 인정하면 해제를 명할 수 있다.

정답 ③

241 건축법령상 건축신고를 하면 건축허가를 받은 것으로 볼 수 있는 경우에 해당하지 <u>않는</u> 것은? 제29회 공인중개사

① 연면적 150제곱미터인 3층 건축물의 피난계단 증설

② 연면적 180제곱미터인 2층 건축물의 대수선

③ 연면적 270제곱미터인 3층 건축물의 방화벽 수선

④ 1층의 바닥면적 50제곱미터, 2층의 바닥면적 30제곱미터인 2층 건축물의 신축

⑤ 바닥면적 100제곱미터인 단층 건축물의 신축

해설 연면적이 200제곱미터 미만이고 3층 미만인 건축물의 대수선이 신고대상이다.

정답 ①

242 건축주 甲은 A도 B시에서 연면적이 100제곱미터이고 2층인 건축물을 대수선하고자 건축법 제14조에 따른 신고(이하 "건축신고")를 하려고 한다. 건축법령상 이에 관한 설명으로 옳은 것은? (단, 건축법령상 특례 및 조례는 고려하지 않음) 제32회 공인중개사

① 甲이 대수선을 하기 전에 B시장에게 건축신고를 하면 건축허가를 받은 것으로 본다.

② 건축신고를 한 甲이 공사시공자를 **변경**하려면 B시장에게 **허가**를 받아야 한다.

③ B시장은 건축신고의 수리 전에 건축물 안전영향평가를 실시하여야 한다.

④ 건축신고를 한 甲이 신고일부터 **6개월** 이내에 공사에 착수하지 아니하면 그 **신고의 효력은 없어진다.**

⑤ **건축신고를** 한 甲은 건축물의 공사가 끝난 후 **사용승인 신청 없이** 건축물을 사용할 수 있다.

해설 ② 건축주·설계자·공사시공자 또는 공사감리자를 변경하는 경우에는 신고하여야 한다.
③ 초고층 건축물 등 주요 건축물이 안전영향평가의 대상이고, 신고대상 건축물은 안전영향평가의 대상이 아니다.
④ 건축신고를 한 자가 신고일부터 1년 이내에 공사에 착수하지 아니하면 그 신고의 효력은 없어진다.
⑤ 사용승인을 받아야 한다.

정답 ①

243 건축법령상 도시·군계획시설예정지에 건축하는 3층 이하의 가설건축물에 관한 설명으로 틀린 것은? (다만, 조례는 고려하지 않음) 제21회 공인중개사

① 가설건축물은 철근콘크리트조 또는 철골철근콘크리트조가 아니어야 한다.

② 가설건축물은 공동주택·판매시설·운수시설 등으로서 분양을 목적으로 하는 건축물이 아니어야 한다.

③ 가설건축물은 전기·수도·가스 등 새로운 간선공급설비의 설치를 필요로 하는 것이 아니어야 한다.

④ **가설건축물의** 존치기간은 **2년** 이내 이어야 한다.

⑤ 가설건축물은 도시·군계획예정도로에도 건축할 수 있다.

해설 허가대상 및 신고대상 가설건축물의 존치기간은 3년 이내이다.

정답 ④

244 건축법령상 가설건축물 축조신고의 대상이 <u>아닌</u> 것은? (단, 조례와 '공용건축물에 대한 특례'는 고려하지 않음) 제28회 공인중개사

① 전시를 위한 견본주택

② 도시지역 중 주거지역에 설치하는 농업용 비닐하우스로서 연면적이 100m²인 것

③ 조립식 구조로 된 주거용으로 쓰는 가설건축물로서 연면적이 20m²인 것

④ 야외흡연실 용도로 쓰는 가설건축물로서 연면적이 50m²인 것

⑤ 2017년 10월 28일 현재 공장의 옥상에 축조하는 컨테이너로 된 가설건축물로서 임시사무실로 사용되는 것

해설 조립식 구조로 된 경비용으로 쓰는 가설건축물로서 연면적이 10m² 이하인 것이다.

정답 ③

245 건축법령상 신고대상 가설건축물인 전시를 위한 견본 주택을 축조하는 경우에 관한 설명으로 옳은 것을 모두 고른 것은? (단, 건축법령상 특례규정은 고려하지 않음)

제31회 공인중개사

> ⊙ 건축법 제44조(대지와 도로의 관계)는 적용된다.
> ⓒ 견본주택의 존치기간은 해당 주택의 분양완료 일까지이다.
> ⓒ 견본주택이 2층 이상인 경우 공사감리자를 지 정하여야 한다.

① ⊙   ② ⓒ   ③ ⊙, ⓒ
④ ⓒ, ⓒ   ⑤ ⊙, ⓒ, ⓒ

해설 ⓒ 가설건축물의 존치기간은 3년 이내로 한다.
ⓒ 신고대상 가설건축물에 대해서는 공사감리에 관한 규 정을 적용하지 않는다.
정답 ①

246 건축법령상 건축물의 사용승인에 관한 설명으로 옳은 것은?

제20회 공인중개사

① 건축주가 건축공사 완료 후 그 건축물을 사용하려면 건축공사 **완료 이전에 공사감리자에게** 그 건축물 **전 체의** 사용승인을 신청하여야 한다.
② 건축주가 사용승인을 받은 경우에는 「대기환경보전 법」에 따른 대기오염물질 배출시설의 가동개시 신 고를 한 것으로 본다.
③ 허가권자가 법령이 정한 기간 내에 사용승인서를 교 부하지 않은 경우 건축주는 그 건축물을 사용하거나 사용하게 할 수 없다.
④ 건축물의 사용승인 신청을 위해서는 **공사시공자가 작성한 감리중간보고서와 공사예정도서**를 첨부하여 야 한다.
⑤ 사용승인서의 교부 전에 공사가 완료된 부분이 건폐 율, 용적률 등의 법정 기준에 적합한 경우 허가권자 는 **직권으로 임시사용을 승인**할 수 있으며 그 기간 은 **1년** 이내로 하여야 한다.

해설 ① 공사완료 후 허가권자에게 사용승인을 신청한다.
③ 기간 내에 사용승인서를 교부하지 아니한 경우에는 건 축물을 사용할 수 있다.

④ 공사감리자가 작성한 감리완료보고서와 공사완료도서 를 첨부하여야 한다.
⑤ 1년이 아니라 2년이다.
정답 ②

제**4**절 **건축물의 대지 및 도로**

247 건축법령상 건축물의 대지와 도로에 관한 설명으로 옳은 것은? (단, 건축법 제3조에 따른 적용제외 및 조례 는 고려하지 않음)

제23회 공인중개사

① 손궤의 우려가 있는 토지에 대지를 조성하면서 설치 한 옹벽의 외벽면에는 옹벽의 지지 또는 **배수를 위 한 시설물이** 밖으로 튀어나오게 하여서는 아니 된다.
② 건축물의 대지는 **6m** 이상이 보행과 자동차의 통행 이 가능한 **도로에 접하여야 한다.**
③ 도시·군계획시설에서 건축하는 **가설건축물의 경우** 에는 대지에 대한 **조경의무가 있다.**
④ 연면적의 합계가 5천제곱미터 이상인 「농수산물유 통 및 가격안정에관한법률」에 따른 **농수산물유통시 설의 경우에는 공개공지**를 설치하여야 한다.
⑤ 건축물의 **지표아래**부분은 건축선의 수직면을 **넘을 수 있다.**

해설 ① 옹벽의 외벽면에는 이의 지지 또는 배수를 위한 시설 외 의 구조물이 밖으로 튀어 나오게 하여서는 아니 된다.
② 6m ⇨ 2m
③ 가설건축물의 경우 조경의무가 없다.
④ 판매시설 중 농수산물유통시설은 공개공지의 설치대 상이 아니다.
정답 ⑤

248 건축법령상 대지면적이 2천제곱미터인 대지에 건축하는 경우 조경 등의 조치를 하여야 하는 건축물은? (단, 건축법령상 특례규정 및 조례는 고려하지 않음)

제31회 공인중개사

① 상업지역에 건축하는 물류시설
② 2층의 공장
③ 도시·군계획시설에서 허가를 받아 건축하는 가설건축물
④ 녹지지역에서 건축하는 기숙사
⑤ 연면적의 합계가 1천제곱미터인 축사

해설 주거지역과 상업지역에 건축하는 물류시설의 경우 조경의무가 있다.

정답 ①

249 건축법령상 대지의 조경 등의 조치를 하지 아니할 수 있는 건축물이 <u>아닌</u> 것은? (단, 가설건축물은 제외하고, 건축법령상 특례, 기타 강화·완화조건 및 조례는 고려하지 않음)

제35회 공인중개사

① 녹지지역에 건축하는 건축물
② 면적 4천제곱미터인 대지에 건축하는 공장
③ 연면적의 합계가 1천제곱미터인 공장
④ 「국토의 계획 및 이용에 관한 법률」에 따라 지정된 관리 지역(지구단위계획구역으로 지정된 지역이 아님)의 건축물
⑤ 주거지역에 건축하는 연면적의 합계가 1천500제곱미터인 물류시설

해설 ⑤ 연면적의 합계가 1천500제곱미터 미만인 물류시설에 대하여는 조경 등의 조치를 하지 아니할 수 있다. 다만, 주거지역 또는 상업지역에 건축하는 것은 제외한다.

정답 ⑤

250 건축법령상 공개공지등에 관한 설명으로 옳은 것은? (단, 건축법령상 특례, 기타 강화·완화조건은 고려하지 않음)

제35회 공인중개사

① 노후 산업단지의 정비가 필요하다고 인정되어 지정·공고된 지역에는 공개공지등을 설치할 수 없다.
② 공개공지는 필로티의 구조로 설치할 수 없다.
③ 공개공지등을 설치할 때에는 모든 사람들이 환경친화적으로 편리하게 이용할 수 있도록 긴 의자 또는 조경시설 등 건축조례로 정하는 시설을 설치해야 한다.
④ 공개공지등에는 건축조례로 정하는 바에 따라 연간 최장 90일의 기간 동안 주민들을 위한 문화행사를 열거나 판촉활동을 할 수 있다.
⑤ 울타리나 담장 등 시설의 설치 또는 출입구의 폐쇄 등을 통하여 공개공지등의 출입을 제한한 경우 지체 없이 관할 시장·군수·구청장에게 신고하여야 한다.

해설 ① 특별자치시장·특별자치도지사 또는 시장·군수·구청장이 도시화의 가능성이 크거나 노후 산업단지의 정비가 필요하다고 인정하여 지정·공고하는 지역은 공개공지등을 설치하여야 하는 지역이다.
② 공개공지는 필로티의 구조로 설치할 수 있다.
④ 공개공지등에는 건축조례로 정하는 바에 따라 연간 최장 60일의 기간 동안 주민들을 위한 문화행사를 열거나 판촉활동을 할 수 있다.
⑤ 울타리나 담장 등의 시설을 설치하거나 출입구를 폐쇄하는 등 공개공지등의 출입을 차단하는 행위 등 공개공지 등의 활용을 저해하는 행위를 하여서는 아니 된다.

정답 ③

251 건축법령상 공개공지등을 확보하여야 하는 건축물의 공개공지등에 관한 설명으로 ( )에 알맞은 것을 바르게 나열한 것은? 제24회 공인중개사

> • 공개공지등의 면적은 대지면적의 (㉠) 이하의 범위에서 건축조례로 정한다.
> • 대지에 공개공지등을 확보하여야 하는 건축물의 경우 공개공지등을 설치하는 때에는 해당 지역에 적용하는 용적률의 (㉡) 이하의 범위에서 건축조례로 정하는 바에 따라 용적률을 완화하여 적용할 수 있다.

① ㉠: 100분의 10, ㉡: 1.1배
② ㉠: 100분의 10, ㉡: 1.2배
③ ㉠: 100분의 10, ㉡: 1.3배
④ ㉠: 100분의 20, ㉡: 1.1배
⑤ ㉠: 100분의 20, ㉡: 1.2배

해설 공개공지 면적은 대지면적의 100분의 10 이하, 용적률의 완화는 1.2배

정답 ②

252 건축법령상 건축물에 공개공지 또는 공개 공간을 설치하여야 하는 대상지역에 해당하는 것은? (단, 지방자치단체장이 별도로 지정·공고하는 지역은 고려하지 않음) 제27회 공인중개사

① 전용주거지역   ② 일반주거지역
③ 전용공업지역   ④ 일반공업지역
⑤ 보전녹지지역

해설 공개공지를 설치하여야 하는 지역은 일반주거지역, 준주거지역, 상업지역, 준공업지역이다.

정답 ②

253 건축법령상 공개공지 또는 공개공간을 설치하여야 하는 건축물에 해당하지 **않는** 것은? (단, 건축물은 해당 용도로 쓰는 바닥면적의 합계가 5천제곱미터 이상이며, 조례는 고려하지 않음) 제26회 공인중개사

① 일반공업지역에 있는 종합병원
② 일반주거지역에 있는 교회
③ 준주거지역에 있는 예식장
④ 일반상업지역에 있는 생활숙박시설
⑤ 유통상업지역에 있는 여객자동차터미널

해설 일반공업지역은 공개공지의 설치대상지역이 아니고, 종합병원은 공개공지의 설치대상이 아니다.

정답 ①

254 건축법령상 대지에 공개공지 또는 공개 공간을 설치하여야 하는 건축물은? (단, 건축물의 용도로 쓰는 바닥면적의 합계는 5천제곱미터 이상이며, 건축법령상 특례 및 조례는 고려하지 않음) 제34회 공인중개사

① 일반주거지역에 있는 초등학교
② 준주거지역에 있는 「농수산물 유통 및 가격안정에 관한 법률」에 따른 농수산물유통시설
③ 일반상업지역에 있는 관망탑
④ 자연녹지지역에 있는 「청소년활동진흥법」에 따른 유스호스텔
⑤ 준공업지역에 있는 여객용 운수시설

해설 ①②③ 초등학교, 농수산물유통시설, 관망탑은 공개공지의 설치대상이 아니다. 문화 및 집회시설, 종교시설, 판매시설(농수산물유통시설은 제외), 운수시설(여객용 시설만 해당한다), 업무시설 및 숙박시설에 해당하는 건축물이 공개공지의 설치대상이다.
④ 자연녹지지역은 공개공지가 필요한 지역이 아니며 유스호스텔은 공개공지의 설치대상이 아니다.

정답 ⑤

255 건축법령상 도시지역에 건축하는 건축물의 대지와 도로 등에 관한 설명으로 틀린 것은? 　제25회 공인중개사

① 연면적의 합계가 2천제곱미터인 **공장**의 대지는 너비 6미터 이상의 도로에 4미터 이상 접하여야 한다.

② 쓰레기로 매립된 토지에 건축물을 건축하는 경우 성토, 지반 개량 등 필요한 조치를 하여야 한다.

③ 군수는 건축물의 위치나 환경을 정비하기 위하여 필요하다고 인정하면 4미터 이하의 범위에서 건축선을 따로 지정할 수 있다.

④ 담장의 지표 위 부분은 건축선의 수직면을 넘어서는 아니 된다.

⑤ 공장의 주변에 허가권자가 인정한 공지인 광장이 있는 경우 연면적의 합계가 1천제곱미터인 공장의 대지는 도로에 2미터 이상 접하지 않아도 된다.

해설 연면적의 합계가 2천제곱미터(공장인 경우에는 3천 제곱미터) 이상인 건축물의 대지는 너비 6미터 이상의 도로에 4미터 이상 접하여야 한다.

정답 ①

256 甲의 대지에 높이 4m, 연면적의 합계가 90㎡인 건축물을 신축하려 한다. 건축법령상 건축규제에 위반되는 것은? (단, 조례는 고려하지 않음) 　제22회 공인중개사

① 甲은 건축을 위해 건축신고를 하였다.

② 甲의 대지는 인접한 도로면보다 낮으나, 대지의 배수에 지장이 없고 건축물의 용도상 방습의 필요가 없다.

③ 甲은 공개공지 또는 공개공간을 확보하지 않았다.

④ 甲의 대지는 보행과 자동차 통행이 가능한 도로에 3m 접하고 있다.

⑤ 甲의 건축물은 창문을 열었을 때 건축선의 수직면을 넘어서는 구조로 되어있다.

해설 도로면으로부터 높이 4.5미터 이하에 있는 출입구, 창문, 그 밖에 이와 유사한 구조물은 열고 닫을 때 건축선의 수직면을 넘지 아니하는 구조로 하여야 한다.

정답 ⑤

257 건축법령상 대지 A의 건축선을 고려한 대지면적은? (다만, 도로는 보행과 자동차 통행이 가능한 통과도로로서 법률상 도로이며, 대지 A는 도시지역임) 　제21회 공인중개사 수정

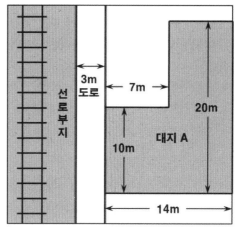

① 170㎡　　② 180㎡　　③ 200㎡
④ 205㎡　　⑤ 210㎡

해설 소요 너비에 미달되는 도로로서 선로부지가 있는 쪽의 도로경계선부터 소요 너비에 해당하는 수평거리선을 건축선으로 한다. 보행 및 자동차통행이 가능한 통과도로이므로 소요 너비 4m이다. 선로부지 쪽의 도로경계선부터 4m의 수평거리선을 건축선으로 하므로 대지 안으로 1m 만큼 후퇴하여 건축선이 정해지고, 건축선과 도로경계선 사이의 면적은 대지면적에서 제외된다. A대지의 윗부분과 아랫부분의 대지면적을 각각 산정하면 윗부분은 가로 7m와 세로 10m이므로 70㎡가 되고, 아랫부분은 가로 13m와 세로 10m이므로 130㎡가 된다. 합산하면 A대지의 면적은 200㎡가 된다.

정답 ③

258 건축법령상 건축선과 대지의 면적에 관한 설명이다. ( )에 들어갈 내용으로 옳은 것은? (단, 허가권자의 건축선의 별도지정, 「건축법」 제3조에 따른 적용제외, 건축법령상 특례 및 조례는 고려하지 않음) 제34회 공인중개사

> 「건축법」 제2조 제1항 제11호에 따른 **소요 너비에 못 미치는 너비의 도로**인 경우에는 그 **중심선**으로부터 그 (㉠)을 건축선으로 하되, 그 도로의 반대쪽에 하천이 있는 경우에는 그 **하천이 있는 쪽의 도로경계선**에서 (㉡)을 건축선으로 하며, 그 건축선과 도로 사이의 대지면적은 건축물의 대지면적 산정 시 (㉢)한다.

① ㉠: 소요 너비에 해당하는 수평거리만큼 물러난 선,
　㉡: 소요 너비에 해당하는 수평거리의 선,
　㉢: 제외

② ㉠: 소요 너비의 2분의 1의 수평거리만큼 물러난 선,
　㉡: 소요 너비의 2분의 1의 수평거리의 선,
　㉢: 제외

③ ㉠: 소요 너비의 2분의 1의 수평거리만큼 물러난 선,
　㉡: 소요 너비에 해당하는 수평거리의 선,
　㉢: 제외

④ ㉠: 소요 너비의 2분의 1의 수평거리만큼 물러난 선,
　㉡: 소요 너비에 해당하는 수평거리의 선,
　㉢: 포함

⑤ ㉠: 소요 너비에 해당하는 수평거리만큼 물러난 선,
　㉡: 소요 너비의 2분의 1의 수평거리의 선,
　㉢: 포함

> 해설 소요 너비에 못 미치는 너비의 도로인 경우에는 그 중심선으로부터 그 소요 너비의 2분의 1의 수평거리만큼 물러난 선을 건축선으로 하되, 그 도로의 반대쪽에 경사지, 하천, 철도, 선로부지, 그 밖에 이와 유사한 것이 있는 경우에는 그 경사지 등이 있는 쪽의 도로경계선에서 소요 너비에 해당하는 수평거리의 선을 건축선으로 한다. 이 경우 건축선과 도로 사이의 대지면적은 건축물의 대지면적 산정 시 제외한다.

> 정답 ③

제5절 개별건축제한

259 건축법령상 지역 및 지구의 건축물에 관한 설명으로 옳은 것은? (단, 조례 및 특별건축구역에 대한 특례는 고려하지 않음) 제26회 공인중개사 수정

① 하나의 건축물이 **방화벽을 경계로** 방화지구와 그 밖의 구역에 속하는 부분으로 **구획**되는 경우, **건축물 전부**에 대하여 방화지구 안의 건축물에 관한 「건축법」의 규정을 적용한다.

② 대지가 **녹지지역**과 그 밖의 지역·지구 또는 구역에 걸치는 경우에는 **각** 지역·지구 또는 구역 안의 건축물과 대지에 관한 건축법의 규정을 적용한다.

③ 대지가 녹지지역과 관리지역에 걸치면서 녹지지역 안의 건축물이 취락지구에 걸치는 경우에는 건축물과 대지 전부에 대해 취락지구에 관한 「건축법」의 규정을 적용한다.

④ **시장·군수**는 도시의 관리를 위하여 필요하면 가로구역별 건축물의 **높이**를 시·군의 **조례로 정할 수** 있다.

⑤ **상업지역**에서 건축물을 건축하는 경우에는 일조의 확보를 위하여 건축물을 인접 대지경계선으로부터 **1.5 미터 이상 띄어 건축하여야 한다.**

> 해설 ① 방화벽으로 구획된 경우 방화지구 밖의 부분에 대해서는 방화지구의 건축제한을 적용하지 아니한다.
> ③ 취락지구는 관련없는 사항이다.
> ④ 특별시장이나 광역시장은 도시의 관리를 위하여 필요하면 가로구역별 건축물의 높이를 특별시나 광역시의 조례로 정할 수 있다.
> ⑤ 중심상업지역과 일반상업지역의 경우 공동주택이라도 일조 확보를 위한 높이제한이 적용되지 아니하며 10m 이하인 부분에 대해 정북 방향의 인접 대지 경계선부터 1.5m 이상을 띄어 건축하여야 하는 것은 전용주거지역 또는 일반주거지역에서다.

> 정답 ②

260 건축법령상 건축물 바닥면적의 산정방법에 관한 설명으로 틀린 것은? 제29회 공인중개사

① 벽·기둥의 **구획이 없는 건축물**은 그 지붕 끝부분으로부터 수평거리 **1미터**를 **후퇴**한 선으로 둘러싸인 수평투영면적으로 한다.
② **승강기탑**은 바닥면적에 **산입하지 아니한다.**
③ **필로티** 부분은 공동주택의 경우에는 **바닥면적에 산입**한다.
④ 공동주택으로서 지상층에 설치한 **조경시설**은 바닥면적에 **산입하지 아니한다.**
⑤ 건축물의 노대의 바닥은 난간 등의 설치 여부에 관계없이 노대의 면적에서 **노대**가 접한 가장 긴 외벽에 접한 길이에 **1.5미터**를 곱한 값을 뺀 면적을 바닥면적에 산입한다.

해설 필로티나 그 밖에 이와 비슷한 구조의 부분은 그 부분이 공중의 통행이나 차량의 통행 또는 주차에 전용되는 경우와 공동주택의 경우에는 바닥면적에 산입하지 아니한다.
정답 ③

261 다음의 그림은 지상 3층과 다락의 구조를 가진 구조를 갖추고 있는 다세대주택인 건축물이다. 2~3층은 주거전용공간이며, 지붕이 경사진 형태인 다락의 높이는 1.7m, 처마길이는 50cm이다. 대지면적이 200m², 용적률 및 건폐율의 한도가 각각 200%, 50%라 할 때 증축 가능한 최대면적은 얼마인가? (다만, 기타 건축제한 및 인센티브는 없는 것으로 함) 제20회 공인중개사

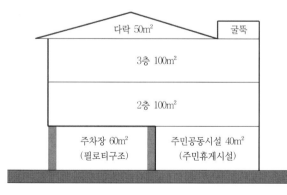

① 90m²　　② 110m²　　③ 140m²
④ 160m²　　⑤ 200m²

해설 용적률 200%이고 대지면적이 200m² 이므로 400m²까지 건축할 수 있다. 위 그림에서 경사진 지붕구조의 다락은 1.8m이하로서 바닥면적에 포함되지 아니하고, 주차장으로 사용되는 60m²는 용적률 산정을 위한 연면적에서 제외되므로 연면적은 240m²이다. 따라서 증축할 수 있는 최대면적은 160m²(= 400m² - 240m²)이다.
정답 ④

262 건축법령상 지상 11층 지하 3층인 하나의 건축물이 다음 조건을 갖추고 있는 경우 건축물의 용적률은? (단, 제시된 조건 이외의 다른 조건이나 제한 및 건축법령상 특례는 고려하지 않음) 제34회 공인중개사

- 대지면적은 1,500m²임
- 각 층의 바닥면적은 1,000m²로 동일함
- 지상 1층 중 500m²은 건축물의 부속용도인 주차장으로, 나머지 500m²은 제2종 근린생활시설로 사용함
- 지상 2층에서 11층까지는 업무시설로 사용함
- 지하 1층은 제1종 근린생활시설로, 지하 2층과 지하 3층은 주차장으로 사용함

① 660%　　② 700%
③ 800%　　④ 900%
⑤ 1,100%

해설 지상 1층의 부속용도인 주차장과 지하 1, 2, 3층은 용적률을 산정할 때 연면적에서 제외된다. 따라서 이 건축물의 연면적은 10,500m² 이다. [1층의 제2종 근린생활시설 500m² + 10개층(2층~11층) × 1,000m²] 대지면적이 1,500m² 이므로 용적률은 700%(= 10,500m² ÷ 1,500m² × 100)이다.
정답 ②

263 건축법령상 건축물의 면적 등의 산정방법에 관한 설명으로 틀린 것은? (단, 건축법령상 특례는 고려하지 않음) 제33회 공인중개사

① 공동주택으로서 지상층에 설치한 **조경시설**의 면적은 바닥면적에 **산입하지 않는다.**

② **지하주차장의 경사로**의 면적은 **건축면적에 산입**한다.

③ 태양열을 주된 에너지원으로 이용하는 주택의 건축면적은 건축물의 외벽중 내측 내력벽의 중심선을 기준으로 한다.

④ **용적률**을 산정할 때에는 **지하층**의 면적은 **연면적에 산입하지 않는다.**

⑤ 층의 구분이 명확하지 아니한 건축물의 높이는 **4미터마다 하나의 층**으로 보고 그 층수를 산정한다.

> **해설** ② 지하주차장의 경사로의 면적은 건축면적에 산입하지 않는다.
>
> **정답** ②

264 건축법령상 건축물의 면적, 층수 등의 산정방법에 관한 설명으로 틀린 것은? 제21회 공인중개사

① 건축물의 1층이 차량의 주차에 전용(專用)되는 **필로티**인 경우 그 면적은 바닥면적에 **산입되지 아니한다.**

② 층고(層高)가 2m인 **다락**은 바닥면적에 **산입된다.**

③ **용적률**을 산정할 때에는 초고층 건축물의 **피난안전구역**의 면적은 **연면적에 포함시키지 아니한다.**

④ 층의 구분이 명확하지 않은 건축물은 건축물의 높이 **4m마다 하나의 층**으로 보고 층수를 산정한다.

⑤ 주택의 **발코니**의 바닥은 **전체가 바닥면적에 산입**된다.

> **해설** 주택의 발코니 등 건축물의 노대나 그 밖에 이와 비슷한 것의 바닥은 난간 등의 설치 여부에 관계없이 노대등의 면적에서 노대등이 접한 가장 긴 외벽에 접한 길이에 1.5m를 곱한 값을 뺀 면적을 바닥면적에 산입한다.
>
> **정답** ⑤

265 지하층이 2개 층이고 지상 층은 전체가 층의 구분이 명확하지 아니한 건축물로서, 건축물의 바닥면적은 600m²이며 바닥면적의 300m²에 해당하는 부분은 그 높이가 12m이고 나머지 300m²에 해당하는 부분의 높이는 16m이다. 이러한 건축물의 건축법령상 층수는? (단, 건축물의 높이는 건축법령에 의하여 산정한 것이고, 지표면의 고저차가 없으며, 건축물의 옥상에는 별도의 설치물이 없음) 제23회 공인중개사

① 1층   ② 3층   ③ 4층
④ 5층   ⑤ 6층

> **해설** 지하층은 건축물의 층수에 산입하지 아니하고, 층의 구분이 명확하지 아니한 건축물은 그 건축물의 높이 4미터마다 하나의 층으로 보고 그 층수를 산정하며, 건축물이 부분에 따라 그 층수가 다른 경우에는 그 중 가장 많은 층수를 그 건축물의 층수로 본다.
>
> **정답** ③

266 건축법령상 건축물의 면적 등의 산정방법으로 옳은 것은? 제31회 공인중개사

① 공동주택으로서 지상층에 설치한 **생활폐기물 보관함**의 면적은 **바닥면적에 산입**한다.

② 지하층에 설치한 **기계실, 전기실**의 면적은 용적률을 산정할 때 **연면적에 산입**한다.

③ 건축법상 건축물의 높이 제한 규정을 적용할 때, 건축물의 **1층 전체에 필로티**가 설치되어 있는 경우 **건축물의 높이는 필로티의 층고를 제외**하고 산정한다.

④ 건축물의 충고는 방의 바닥구조체 **윗면**으로부터 위층바닥구조체의 **아랫면**까지의 높이로 한다.

⑤ 건축물이 **부분에 따라** 그 **층수가 다른 경우**에는 그 중 가장 많은 층수와 가장 적은 층수를 **평균하여 반올림**한 수를 그 건축물의 층수로 본다.

> **해설** ① 생활폐기물 보관함의 면적은 바닥면적에 산입하지 않는다.
>
> ② 기계실, 전기실의 면적은 바닥면적에 산입하지 않는다.
>
> ④ 건축물의 충고는 방의 바닥구조체 윗면으로부터 위층 바닥구조체의 윗면까지의 높이로 한다.
>
> ⑤ 건축물이 부분에 따라 그 층수가 다른 경우에는 그중 가장 많은 층수를 그 건축물의 층수로 본다.
>
> **정답** ③

267 건축법령상 건축물이 있는 대지는 조례로 정하는 면적에 못 미치게 분할할 수 없다. 다음 중 조례로 정할 수 있는 최소 분할면적 기준이 가장 작은 용도지역은? (단, 건축법 제3조에 따른 적용 제외는 고려하지 않음)

제24회 공인중개사

① 제2종 전용주거지역   ② 일반상업지역
③ 근린상업지역   ④ 준공업지역
⑤ 생산녹지지역

해설 ① 주거지역 60m², ②③ 상업지역 150m², ④ 공업지역 150m² ⑤ 녹지지역 200m²
정답 ①

268 건축법령상 건축물의 높이 제한에 관한 설명으로 틀린 것은? (단, 「건축법」 제73조에 따른 적용 특례 및 조례는 고려하지 않음)

제25회 공인중개사 수정

① **전용주거지역**과 **일반주거지역** 안에서 건축하는 건축물에 대하여는 **일조**의 확보를 위한 높이 제한이 적용된다.
② **일반상업지역**에 건축하는 공동주택으로서 하나의 대지에 두 동(棟) 이상을 건축하는 경우에는 **채광의 확보를 위한 높이 제한**이 적용된다.
③ 제3종 **일반주거지역**의 경우 **정북**방향인접대지 경계선으로부터 건축물 높이 **10미터 이하**인 부분은 인접대지경계선으로부터 **1.5미터 이상** 띄어 건축하여야 한다.
④ 허가권자는 같은 가로구역에서 건축물의 용도 및 형태에 따라 건축물의 높이를 다르게 정할 수 있다.
⑤ 허가권자는 가로구역별 건축물의 최고 높이를 **지정**하려면 지방건축위원회의 **심의**를 거쳐야 한다.

해설 일반·중심상업지역에서는 일조권에 의한 높이제한을 적용하지 아니한다.
정답 ②

제6절 | 보칙

269 건축법령상 이행강제금에 관한 설명 중 **틀린** 것은?

제16회 공인중개사 수정

① 이행강제금에 대하여 이의를 제기하지 아니하고, 이를 납부하지 않은 경우에는 강제징수할 수 있다.
② 이행강제금은 1년에 2회 이내에서 이행할 때까지 반복적으로 부과할 수 있다.
③ 연면적 60m² 이하의 주거용 건축물인 경우에는 법정이행강제금의 2분의 1의 범위 안에서 당해 지방자치단체의 조례로 정하는 금액을 부과한다.
④ 허가대상 건축물을 허가받지 아니하고 건축하여 벌금이 부과된 자에게는 이행강제금을 부과할 수 없다.
⑤ 시정명령을 받은 자가 그 시정명령을 이행한 경우에도 이미 부과된 이행강제금을 납부하여야 한다.

해설 허가대상 건축물을 허가받지 아니하고 건축하여 벌금이 부과된 자에게 이행강제금을 병과할 수 있다.
정답 ④

270 건축법령상 이행강제금을 산정하기 위하여 위반 내용에 따라 곱하는 비율을 높은 순서대로 나열한 것은? (단, 조례는 고려하지 않음)

제29회 공인중개사

┌─────────────────────────────┐
│ ㉠ 용적률을 초과하여 건축한 경우 │
│ ㉡ 건폐율을 초과하여 건축한 경우 │
│ ㉢ 신고를 하지 아니하고 건축한 경우 │
│ ㉣ 허가를 받지 아니하고 건축한 경우 │
└─────────────────────────────┘

① ㉠ - ㉡ - ㉣ - ㉢
② ㉠ - ㉣ - ㉢ - ㉡
③ ㉡ - ㉠ - ㉣ - ㉢
④ ㉣ - ㉠ - ㉡ - ㉢
⑤ ㉣ - ㉢ - ㉡ - ㉠

해설 ㉣(무허가 건축 : 100%) - ㉠(용적률 초과 : 90%) - ㉡(건폐율 초과 : 80%) - ㉢(무신고 건축 : 70%)
정답 ④

주택법

271 주택법령상 용어의 정의에 따를 때 '주택'에 해당하지 **않는** 것을 모두 고른 것은? 제29회 공인중개사

> ㉠ 3층의 다가구주택   ㉡ 2층의 공관
> ㉢ 4층의 다세대주택   ㉣ 3층의 기숙사
> ㉤ 7층의 오피스텔

① ㉠, ㉡, ㉢
② ㉠, ㉣, ㉤
③ ㉡, ㉢, ㉣
④ ㉡, ㉣, ㉤
⑤ ㉢, ㉣, ㉤

(해설) 주택법상 공관은 단독주택에 포함되지 않는다. 기숙사와 오피스텔은 준주택에 해당되며, 주택이 아니다.
(정답) ④

272 주택법령상 국민주택 등에 관한 설명으로 옳은 것은? 제29회 공인중개사

① 민영주택이라도 국민주택규모 이하로 건축되는 경우 국민주택에 해당한다.
② **한국토지주택공사**가 수도권에 건설한 주거전용면적이 1세대당 **80제곱미터**인 아파트는 **국민주택**에 해당한다.
③ 지방자치단체의 재정으로부터 자금을 지원받아 건설되는 주택이 국민주택에 해당하려면 자금의 50퍼센트 이상을 지방자치단체로부터 지원받아야 한다.
④ 다세대주택의 경우 주거전용면적은 건축물의 바닥면적에서 지하층 면적을 제외한 면적으로 한다.
⑤ 아파트의 경우 복도, 계단 등 아파트의 지상층에 있는 공용면적은 주거전용면적에 포함한다.

(해설) ① 국민주택규모 이하인 경우에도 민영주택이 국민주택이 될 수는 없다.
③ 지방자치단체의 재원 지원비율에 관한 규정은 따로 없다.
④ 지하층이라도 공용면적이 아닌 경우 주거전용면적에 포함된다.
⑤ 복도, 계단, 현관 등 공동주택의 지상층에 있는 공용면적은 주거전용면적에서 제외된다.
(정답) ②

273 주택법령상 도시형생활주택에 관한 설명으로 틀린 것은? 제23회 공인중개사

① 도시형생활주택은 세대수가 300세대 미만이어야 한다.
② 「수도권정비계획법」에 따른 **수도권**의 경우 도시형생활주택은 1호(戶) 또는 1세대 당 **주거전용면적**이 **85제곱미터 이하**이어야 한다.
③ 「국토의 계획 및 이용에 관한 법률」에 따른 도시지역에 건설하는 세대별 주거전용면적이 **85제곱미터**인 **아파트**는 **도시형생활주택**에 해당하지 아니한다.
④ 도시형생활주택에는 분양가상한제가 적용되지 아니한다.
⑤ **준주거지역**에서 도시형생활주택인 **소형주택**과 **도시형생활주택이 아닌 주택** 1세대는 하나의 건축물에 **함께 건축할 수 없다.**

(해설) 함께 건축할 수 있다.
(정답) ⑤

274 주택법령상 주택의 건설에 관한 설명으로 옳은 것은?
(단, 조례는 고려하지 않음) 제35회 공인중개사

① 하나의 건축물에는 **단지형 연립주택** 또는 단지형 다세대주택과 **소형주택**을 **함께** 건축할 수 **없다.**
② 국토교통부장관이 적정한 주택수급을 위하여 필요하다고 인정하는 경우, 고용자가 건설하는 주택에 대하여 국민주택규모로 건설하게 할 수 있는 비율은 주택의 75퍼센트 이하이다.
③ 「주택법」에 따라 건설사업자로 간주하는 등록사업자는 주택건설사업계획승인을 받은 주택의 건설공사를 시공할 수 없다.
④ 장수명 주택의 인증기준·인증절차 및 수수료 등은 「주택공급에 관한 규칙」으로 정한다.
⑤ 국토교통부장관은 바닥충격음 성능등급을 인정받은 제품이 인정받은 내용과 다르게 판매·시공한 경우에 해당하면 그 인정을 **취소하여야 한다.**

해설 ② 국토교통부장관이 적정한 주택수급을 위하여 필요하다고 인정하는 경우, 고용자가 건설하는 주택에 대하여 국민주택규모로 건설하게 할 수 있는 비율은 주택의 100퍼센트 이하이다.
③ 「주택법」에 따라 건설사업자로 간주하는 등록사업자는 주택건설사업계획승인을 받은 주택의 건설공사를 시공할 수 있다.
④ 장수명 주택의 인증기준·인증절차 및 수수료 등은 국토교통부령으로 정한다.
⑤ 국토교통부장관은 바닥충격음 성능등급을 인정받은 제품이 인정받은 내용과 다르게 판매·시공한 경우에 해당하면 그 인정을 취소할 수 있다.
정답 ①

275 주택법령상 "기간시설"에 해당하지 <u>않는</u> 것은?
제35회 공인중개사

① 전기시설 ② 통신시설 ③ 상하수도
④ 어린이놀이터 ⑤ 지역난방시설

해설 ④ 어린이놀이터는 복리시설이다. 기간시설이란 도로·전기시설·가스시설·상하수도·지역난방시설 및 통신시설 등을 말한다.
정답 ④

276 주택법령상 도시형생활주택으로서 소형주택의 요건에 해당하는 것을 모두 고른 것은? 제33회 공인중개사 수정

⊙ 세대별 주거전용면적은 50제곱미터 이하일 것
ⓒ 세대별로 독립된 주거가 가능하도록 욕실 및 부엌을 설치할 것
ⓒ 지하층에는 세대를 설치하지 아니할 것

① ⊙ ② ⓒ ③ ⊙, ⓒ
④ ⓒ, ⓒ ⑤ ⊙, ⓒ, ⓒ

해설 ⊙ 세대별 주거전용면적은 60제곱미터 이하일 것
정답 ④

277 주택법령상 용어에 관한 설명으로 옳은 것은?
제30회 공인중개사

① '주택단지'에 해당하는 토지가 폭 **8미터** 이상인 **도시계획예정도로**로 분리된 경우, 분리된 토지를 각각 별개의 주택단지로 본다.
② '단독주택'에는 「건축법 시행령」에 따른 다가구주택이 포함되지 않는다.
③ '공동주택'에는 「건축법 시행령」에 따른 아파트, 연립주택, **기숙사** 등이 포함된다.
④ '주택'이란 세대의 구성원이 장기간 독립된 주거생활을 할 수 있는 구조로 된 건축물의 전부 또는 일부를 말하며, 그 **부속토지는 제외**한다.
⑤ 주택단지에 딸린 **어린이놀이터, 근린생활시설, 유치원, 주민운동시설, 지역난방공급시설** 등은 '**부대시설**'에 포함된다.

해설 ② 단독주택에 다가구주택이 포함된다.
③ 공동주택에 기숙사는 포함되지 않는다.
④ 부속토지를 포함한다.
⑤ 어린이놀이터, 근린생활시설, 유치원, 주민운동시설은 복리시설에 포함되며, 지역난방시설로서 주택단지 안의 기간시설과 주택단지 밖의 기간시설을 연결시키는 시설은 간선시설에 포함된다.
정답 ①

278 주택법령상 용어에 관한 설명으로 틀린 것은?

① 「건축법 시행령」에 따른 다세대주택은 공동주택에 해당한다.

② 「건축법 시행령」에 따른 오피스텔은 준주택에 해당한다.

③ 주택단지에 해당하는 토지가 폭 **8미터** 이상인 **도시계획예정도로**로 분리된 경우, 분리된 토지를 각각 별개의 주택단지로 본다.

④ 주택에 **딸린** 자전거보관소는 복리시설에 해당한다.

⑤ 도로·상하수도·전기시설·가스시설·통신시설·지역난방시설은 기간시설(基幹施設)에 해당한다.

> **해설** ④ 주택에 딸린 자전거보관소는 부대시설에 해당한다.
> **정답** ④

279 주택법령상 용어에 관한 설명으로 옳은 것은?

① 폭 **10m**인 **일반도로**로 분리된 토지는 각각 별개의 주택단지이다.

② 공구란 하나의 주택단지에서 둘 이상으로 구분되는 일단의 구역으로서 **공구별 세대수는 200세대** 이상으로 해야 한다.

③ **세대구분형 공동주택**이란 공동주택의 주택내부 공간의 일부를 세대별로 구분하여 생활이 가능한 구조로 하되 그 구분된 공간의 일부를 **구분소유할 수 있는** 주택이다.

④ **500세대**인 국민주택규모의 소형주택은 **도시형생활주택**에 해당한다.

⑤ 「산업입지 및 개발에 관한 법률」에 따른 산업단지개발사업에 의하여 개발·조성되는 공동주택이 건설되는 용지는 공공택지에 해당한다.

> **해설** ① 20m 이상의 일반도로로 분리된 경우 별개의 주택단지이다.
> ② 200세대 ⇨ 300세대
> ③ 세대구분형 공동주택은 구분된 공간의 일부를 구분소유할 수 없다.
> ④ 도시형생활주택은 300세대 미만이다.
> **정답** ⑤

280 주택법령상 「공동주택관리법」에 따른 행위의 허가를 받거나 신고를 하고 설치하는 세대구분형 공동주택이 충족하여야 하는 요건에 해당하는 것을 모두 고른 것은? (단, 조례는 고려하지 않음)

> ㉠ 하나의 세대가 통합하여 사용할 수 있도록 세대 간에 연결문 또는 경량구조의 경계벽 등을 설치할 것
> ㉡ 구분된 공간의 세대수는 기존 세대를 포함하여 2세대 이하일 것
> ㉢ 세대별로 구분된 각각의 공간마다 별도의 욕실, 부엌과 구분 출입문을 설치할 것
> ㉣ 구조, 화재, 소방 및 피난안전 등 관계 법령에서 정하는 안전 기준을 충족할 것

① ㉠, ㉡, ㉢   ② ㉠, ㉡, ㉣
③ ㉠, ㉢, ㉣   ④ ㉡, ㉢, ㉣
⑤ ㉠, ㉡, ㉢, ㉣

> **해설** ㉠은 사업계획의 승인을 받아 건설하는 세대구분형 공동주택의 요건이다.
> **정답** ④

281 주택법령상 용어에 관한 설명으로 옳은 것을 모두 고른 것은?

> ㉠ **주택에 딸린** 건축법에 따른 건축설비는 **복리시설**에 해당한다.
> ㉡ **300세대인** 국민주택규모의 단지형 다세대주택은 **도시형생활주택**에 해당한다.
> ㉢ **민영주택**은 **국민주택을 제외한 주택**을 말한다.

① ㉠   ② ㉢   ③ ㉠, ㉡
④ ㉡, ㉢   ⑤ ㉠, ㉡, ㉢

> **해설** ㉠ 주택에 딸린 건축법에 따른 건축설비는 부대시설에 해당한다.
> ㉡ 도시형생활주택은 300세대 미만이어야 한다.
> **정답** ②

282 주택법령상 주택단지가 일정한 시설로 분리된 토지는 각각 별개의 주택단지로 본다. 그 시설에 해당하지 않는 것은?
제27회 공인중개사

① 고속도로

② 폭 20m의 도시계획예정도로

③ 폭 15m의 일반도로

④ 자동차전용도로

⑤ 보행자 및 자동차의 통행이 가능한 도로로서 「도로법」에 의한 일반국도

해설 폭 20m 이상이어야 한다.
정답 ③

283 주택법령상 주택단지가 일정한 시설로 분리된 토지는 각각 별개의 주택단지로 본다. 그 시설에 해당하지 않는 것은?
제32회 공인중개사

① 철도

② 폭 20 미터의 고속도로

③ 폭 10 미터의 일반도로

④ 폭 20 미터의 자동차전용도로

⑤ 폭 10 미터의 도시계획예정도로

해설 폭 20m 이상이어야 한다.
정답 ③

284 주택법령상 용어에 관한 설명으로 옳은 것은?
제31회 공인중개사

① 건축법 시행령에 따른 **다중생활시설**은 **준주택**에 해당하지 않는다.

② 주택도시**기금**으로부터 자금을 **지원**받아 건설되는 1세대당 주거전용면적 **84제곱미터**인 주택은 국민주택에 해당한다.

③ **간선시설**이란 도로·상하수도·전기시설·가스시설·통신시설·지역난방시설 등을 말한다.

④ **방범설비**는 **복리시설**에 해당한다.

⑤ **주민공동시설**은 **부대시설**에 해당한다.

해설 ① 건축법 시행령에 따른 다중생활시설은 준주택에 해당한다.

③ 간선시설이란 도로·상하수도·전기시설·가스시설·통신시설·지역난방시설 등 주택단지 안의 기간시설과 주택단지 밖의 같은 종류의 기간시설에 연결시키는 시설을 말한다.

④ 방범설비는 부대시설에 해당한다.

⑤ 주민공동시설은 복리시설에 해당한다.

정답 ②

285 주택법령상 리모델링에 관한 설명으로 옳은 것은? (단, 조례는 고려하지 않음)
제25회 공인중개사

① 기존 **14층** 건축물에 수직증축형 리모델링이 허용되는 경우 **2개층까지** 증축할 수 있다.

② **리모델링주택조합**의 설립인가를 받으려는 자는 인가신청서에 해당 주택소재지의 100분의 80이상의 토지에 대한 **토지사용승낙서**를 첨부하여 관할 시장·군수 또는 구청장에게 제출하여야 한다.

③ 소유자 전원의 동의를 받은 입주자대표회의는 시장·군수·구청장에게 **신고**하고 **리모델링**을 할 수 있다.

④ **수직증축형 리모델링**의 경우 리모델링주택조합의 설립인가신청서에 당해 주택이 사용검사를 받은 후 **10년** 이상의 기간이 경과하였음을 증명하는 서류를 첨부하여야 한다.

⑤ 리모델링 주택조합이 시공자를 선정하는 경우 수의계약의 방법으로 하여야 한다.

해설 ② 리모델링주택조합의 경우 토지사용승낙서를 첨부하지 아니한다.

③ 주택단지의 주택소유자 전원의 동의를 얻은 입주자대표회의는 시장·군수 또는 구청장의 허가를 받아 리모델링을 할 수 있다.

④ 15년 이상이 경과하여야 한다.

⑤ 리모델링조합이 시공자를 선정하는 경우 경쟁입찰의 방법으로 하여야 한다.

정답 ①

286 주택법령상 리모델링에 관한 설명으로 옳은 것은? (단, 조례는 고려하지 않음) 제33회 공인중개사

① 대수선은 리모델링에 포함되지 않는다.
② 공동주택의 리모델링은 동별로 할 수 있다.
③ 주택단지 전체를 **리모델링**하고자 주택조합을 설립 하기 위해서는 주택단지 전체의 구분소유자와 의결 권의 각 과반수의 **결의**가 필요하다.
④ 공동주택 **리모델링**의 **허가**는 시·도지사가 한다.
⑤ 리모델링주택조합 설립에 **동의한 자로부터** 건축물 을 **취득**하였더라도 리모델링주택조합 설립에 **동의 한 것으로 보지** 않는다.

> **해설** ① 건축물의 노후화 억제 또는 기능향상을 위한 대수선은 리모델링에 포함된다.
> ③ 주택단지 전체를 리모델링하고자 하는 경우에는 주택 단지 전체의 구분소유자와 의결권의 각 3분의 2 이상 의 결의 및 각 동의 구분소유자와 의결권의 각 과반수 의 결의가 있어야 한다.
> ④ 공동주택을 리모델링하려면 시장·군수·구청장의 허 가를 받아야 한다.
> ⑤ 리모델링주택조합 설립에 동의한 자로부터 건축물을 취득한 자는 리모델링주택조합 설립에 동의한 것으로 본다.
>
> **정답** ②

287 주택법령상 수직증축형 리모델링의 허용 요건에 관한 규정의 일부이다. (   )에 들어갈 숫자로 옳은 것은? 제35회 공인중개사

> 시행령 제13조 ① 법 제2조 제25호 다목1)에서 "대 통령령으로 정하는 범위"란 다음 각 호의 구분에 따른 범위를 말한다.
> 1. 수직으로 증축하는 행위(이하 "수직증축형 리모 델링"이라 한다)의 대상이 되는 기존 건축물의 층수가 (㉠)층 이상인 경우: (㉡)개층
> 2. 수직증축형 리모델링의 대상이 되는 기존 건축 물의 층수가 (㉢)층 이하인 경우: (㉣)개층

① ㉠: 10, ㉡: 3, ㉢: 9, ㉣: 2
② ㉠: 10, ㉡: 4, ㉢: 9, ㉣: 3
③ ㉠: 15, ㉡: 3, ㉢: 14, ㉣: 2
④ ㉠: 15, ㉡: 4, ㉢: 14, ㉣: 3
⑤ ㉠: 20, ㉡: 5, ㉢: 19, ㉣: 4

> **해설** ③ 시행령 제13조 ① 법 제2조 제25호 다목1)에서 "대통령 령으로 정하는 범위"란 다음 각 호의 구분에 따른 범위 를 말한다.
>
> > 1. 수직으로 증축하는 행위(이하 "수직증축형 리 모델링"이라 한다)의 대상이 되는 기존 건축물 의 층수가 15층 이상인 경우: 3개층
> > 2. 수직증축형 리모델링의 대상이 되는 기존 건축 물의 층수가 14층 이하인 경우: 2개층
>
> **정답** ③

제2절 **주택의 건설**

① 사업주체

288 주택법령상 주택건설사업자 등에 관한 설명으로 옳은 것을 모두 고른 것은? 제31회 공인중개사

> ㉠ **한국토지주택공사**가 연간 10만제곱미터 이상 의 대지조성사업을 시행하려는 경우에는 대지 조성사업의 **등록**을 하여야 한다.
> ㉡ **세대수를 증가**하는 **리모델링주택조합**이 그 구 성원의 주택을 건설하는 경우에는 등록사업자 **와 공동으로** 사업을 시행할 수 **없다.**
> ㉢ 주택건설공사를 시공할 수 있는 등록사업자가 최근 3년간 300세대 이상의 공동주택을 건설한 실적이 있는 경우에는 주택으로 쓰는 층수가 7개층인 주택을 건설할 수 있다.

① ㉠
② ㉡
③ ㉠, ㉡
④ ㉡, ㉢
⑤ ㉠, ㉡, ㉢

> **해설** ㉠ 한국토지주택공사는 등록할 필요가 없다.
> ㉡ 세대수가 증가하는 리모델링주택조합의 경우 등록사 업자와 공동사업이 가능하다.
>
> **정답** ②

289 주택법령상 주택건설사업자 등에 관한 설명으로 옳은 것은?
제34회 공인중개사

① 「공익법인의 설립·운영에 관한 법률」에 따라 주택건설사업을 목적으로 설립된 **공익법인**이 연간 20호 이상의 단독주택 건설사업을 시행하려는 경우 국토교통부장관에게 **등록**하여야 한다.

② 세대수를 증가하는 리모델링주택조합이 그 구성원의 주택을 건설하는 경우에는 **국가**와 공동으로 사업을 시행할 수 있다.

③ **고용자**가 그 근로자의 주택을 건설하는 경우에는 대통령령으로 정하는 바에 따라 등록사업자와 **공동으로** 사업을 시행**하여야 한다.**

④ 국토교통부장관은 등록사업자가 타인에게 등록증을 **대여**한 경우에는 1년 이내의 기간을 정하여 영업의 정지를 명할 수 있다.

⑤ 영업정지 처분을 받은 등록사업자는 그 **처분 전에 사업계획승인을 받은 사업**을 계속 수행할 수 없다.

해설 ① 공익법인은 등록할 필요가 없다.
② 세대수를 증가하는 리모델링주택조합이 그 구성원의 주택을 건설하는 경우에는 등록사업자(지방자치단체·한국토지주택공사 및 지방공사를 포함한다)와 공동으로 사업을 시행할 수 있다. 국가는 공동사업주체에 해당하지 않는다.
④ 등록증을 대여한 경우에는 등록을 말소하여야 한다.
⑤ 등록말소 또는 영업정지 처분을 받은 등록사업자는 그 처분 전에 사업계획승인을 받은 사업은 계속 수행할 수 있다.

정답 ③

290 주택법령상 인가 대상 행위가 <u>아닌</u> 것은?
제25회 공인중개사

① 지역주택조합의 해산
② 리모델링주택조합의 설립
③ 국민주택을 공급받기 위하여 설립한 직장주택조합의 해산
④ 승인받은 조합원 추가모집에 따른 지역주택조합의 변경
⑤ 지역주택조합의 설립

해설 국민주택을 공급받기 위하여 직장주택조합을 설립하려는 경우 시장·군수·구청장에게 신고하여야 하며, 이를 변경하거나 해산하는 경우에도 또한 같다.

정답 ③

291 주택법령상 주택조합에 관한 설명으로 **틀린** 것은?
제28회 공인중개사

① 지역주택조합설립인가를 받으려는 자는 해당 주택건설대지의 80% 이상에 해당하는 토지의 사용권원을 확보하여야 한다.

② 탈퇴한 조합원은 조합규약으로 정하는 바에 따라 부담한 비용의 환급을 청구할 수 있다.

③ 주택조합은 주택건설 **예정 세대수의 50%** 이상의 조합원으로 구성하되, 조합원은 **10명** 이상이어야 한다.

④ 지역주택조합은 그 구성원을 위하여 건설하는 주택을 그 조합원에게 우선 공급할 수 있다.

⑤ 조합원의 공개모집 이후 조합원의 사망·자격상실·탈퇴 등으로 인한 결원을 충원하거나 미달된 조합원을 **재모집**하는 경우에는 **신고하지 아니하고 선착순**의 방법으로 조합원을 모집할 수 있다.

해설 10명 ⇨ 20명
정답 ③

292 주택법령상 지역주택조합에 관한 설명으로 옳은 것은?
제29회 공인중개사

① 조합설립에 동의한 조합원은 조합설립인가가 있은 이후에는 자신의 의사에 의해 조합을 **탈퇴할 수 없다.**

② 총회의 의결로 제명된 조합원은 조합에 자신이 부담한 **비용의 환급**을 **청구할 수 없다.**

③ 조합임원의 선임을 의결하는 총회의 경우에는 조합원의 100분의 20 이상이 직접 출석하여야 한다.

④ 조합원을 공개모집한 이후 조합원의 자격상실로 인한 **결원**을 **충원**하려면 시장·군수·구청장에게 **신고**하고 **공개모집**의 방법으로 조합원을 충원하여야 한다.

⑤ 조합의 임원이 금고 이상의 실형을 받아 당연퇴직을 하면 그가 **퇴직 전에 관여한 행위**는 그 **효력을 상실한다.**

해설 ① 조합에 탈퇴 의사를 알리고 탈퇴할 수 있다.
② 비용의 환급을 청구할 수 있다.
④ 신고하지 아니하고 선착순의 방법으로 조합원을 모집할 수 있다.
⑤ 퇴직된 임원이 퇴직 전에 관여한 행위는 그 효력을 상실하지 아니한다.

정답 ③

293 주택법령상 주택조합에 관한 설명으로 옳은 것은?

제27회 공인중개사

① **국민주택**을 공급받기 위하여 설립한 **직장주택조합**을 해산하려면 관할 시장·군수·구청장의 **인가**를 받아야 한다.
② 지역주택조합은 **임대주택**으로 건설·공급하여야 하는 세대수를 **포함**하여 주택건설**예정세대수**의 3분의 1 이상의 조합원으로 구성하여야 한다.
③ 리모델링주택조합의 경우 공동주택의 소유권이 수인의 **공유**에 속하는 경우에는 그 **수인 모두를 조합원으로 본다.**
④ 지역주택조합의 설립 인가 후 **조합원이 사망**하였더라도 조합원수가 주택건설예정세대수의 2분의 1 이상을 유지하고 있다면 조합원을 **충원할 수 없다.**
⑤ 지역주택조합이 설립인가를 받은 후에 조합원을 추가모집한 경우에는 주택조합의 변경인가를 받아야 한다.

해설 ① 인가 ⇨ 신고
② 임대주택으로 건설·공급하는 세대수를 제외한 주택건설예정세대수의 50퍼센트
③ 공유의 겨우 대표하는 1명을 조합원으로 본다.
④ 조합원의 사망으로 인한 결원의 충원은 가능하다.

정답 ⑤

294 주택법령상 지역주택조합의 조합원에 관한 설명으로 틀린 것은?

제28회 공인중개사

① 조합원의 사망으로 그 지위를 **상속**받는 자는 조합원이 될 수 있다.
② 조합원이 근무로 인하여 세대주 자격을 **일시적으로 상실**한 경우로서 시장·군수·구청장이 인정하는 경우에는 **조합원 자격이 있는 것으로 본다.**
③ 조합설립 인가 후에 조합원의 **탈퇴**로 조합원 수가 주택건설 예정 세대수의 **50% 미만**이 되는 경우에는 결원이 발생한 범위에서 조합원을 **신규로 가입하게 할 수 있다.**
④ 조합설립 인가 후에 조합원으로 추가모집되는 자가 **조합원 자격 요건**을 갖추었는지를 판단할 때에는 **추가모집공고일을 기준**으로 한다.
⑤ 조합원 추가모집에 따른 **주택조합의 변경인가 신청**은 **사업계획승인신청일까지** 하여야 한다.

해설 조합원으로 추가모집되거나 충원되는 자가 조합원 자격 요건을 갖추었는지를 판단할 때에는 해당 조합설립인가 신청일을 기준으로 한다.

정답 ④

295 주택법령상 지역주택조합이 설립인가를 받은 후 조합원을 신규로 가입하게 할 수 있는 경우와 결원의 범위에서 충원할 수 있는 경우 중 어느 하나에도 해당하지 않는 것은?

제31회 공인중개사

① 조합원이 사망한 경우
② 조합원이 무자격자로 판명되어 자격을 상실하는 경우
③ 조합원을 수가 주택건설 예정 세대수를 초과하지 아니하는 범위에서 조합원 추가모집의 승인을 받은 경우
④ 조합원의 탈퇴 등으로 조합원 수가 주택건설 예정 세대 수의 60퍼센트가 된 경우
⑤ 사업계획승인의 과정에서 주택건설 예정 세대수가 변경되어 조합원 수가 변경된 세대수의 40퍼센트가 된 경우

해설 50퍼센트 미만이 되어야 충원할 수 있다.

정답 ④

② 주택건설자금

296 주택법령상 주택상환사채에 관한 설명으로 틀린 것은?
제31회 공인중개사

① **한국토지주택공사**는 주택상환사채를 발행할 수 있다.
② 주택**상환**사채는 **기명**증권으로 한다.
③ 사채권자의 명의변경은 취득자의 성명과 주소를 사채원부에 기록하는 방법으로 한다.
④ 주택상환사채를 발행한 자는 발행조건에 따라 주택을 건설하여 사채권자에게 상환하여야 한다.
⑤ 등록사업자의 **등록**이 **말소**된 경우에는 등록사업자가 발행한 **주택상환사채도 효력을 상실**한다.

해설 효력을 상실하지 아니한다.
정답 ⑤

297 주택법령상 주택상환사채에 관한 설명으로 옳은 것은?
제33회 공인중개사

① 법인으로서 자본금이 **3억원**인 등록사업자는 주택상환사채를 발행할 수 있다.
② 발행 조건은 주택상환사채권에 적어야 하는 사항에 포함된다.
③ 주택상환사채를 발행하려는 자는 주택상환사채발행계획을 수립하여 **시·도지사**의 **승인**을 받아야 한다.
④ 주택상환사채는 액면으로 발행하고, **할인의 방법**으로는 발행할 수 **없다.**
⑤ 주택**상환**사채는 **무기명**증권(無記名證券)으로 발행한다.

해설 ① 등록사업자가 주택상환사채를 발행하려면 법인으로서 자본금이 5억원 이상이어야 한다.
③ 주택상환사채를 발행하려는 자는 주택상환사채발행계획을 수립하여 국토교통부장관의 승인을 받아야 한다.
④ 주택상환사채는 액면 또는 할인의 방법으로 발행한다.
⑤ 주택상환사채는 기명증권(記名證券)으로 한다.
정답 ②

298 주택법령상 주택상환사채의 납입금이 사용될 수 있는 용도로 명시된 것을 모두 고른 것은?
제32회 공인중개사

> ㉠ 주택건설자재의 구입
> ㉡ 택지의 구입 및 조성
> ㉢ 주택조합 운영비에의 충당
> ㉣ 주택조합 가입 청약철회자의 가입비 반환

① ㉠, ㉡   ② ㉠, ㉣   ③ ㉢, ㉣
④ ㉠, ㉡, ㉣   ⑤ ㉡, ㉢, ㉣

해설 ㉢, ㉣ 주택상환사채는 한국토지주택공사와 등록사업자가 발행하므로 주택조합의 운영비 등에 사용될 수 없다.
정답 ①

③ 사업계획승인 등

299 주택법령상 주택건설사업계획승인에 관한 설명으로 틀린 것은?
제30회 공인중개사

① 사업계획에는 부대시설 및 복리시설의 설치에 관한 계획 등이 포함되어야 한다.
② 주택단지의 전체 세대수가 **500세대**인 주택건설사업을 시행하려는 자는 주택단지를 **공구별**로 **분할**하여 주택을 건설·공급할 수 있다.
③ 「한국토지주택공사법」에 따른 한국토지주택공사는 동일한 규모의 주택을 대량으로 건설하려는 경우에는 국토교통부장관에게 주택의 형별(型別)로 표준설계도서를 작성·제출하여 승인을 받을 수 있다.
④ 사업계획승인권자는 사업계획을 승인할 때 사업주체가 제출하는 사업계획에 해당 주택건설사업과 직접적으로 관련이 없거나 과도한 기반시설의 기부채납을 요구하여서는 아니 된다.
⑤ 사업계획승인권자는 사업계획승인의 신청을 받았을 때에는 정당한 사유가 없으면 신청받은 날부터 60일 이내에 사업주체에게 승인 여부를 통보하여야 한다.

해설 600세대 이상인 경우 공구별로 시행할 수 있다.
정답 ②

300 주택법령상 사업계획승인 등에 관한 설명으로 **틀린** 것은? (단, 다른 법률에 따른 사업은 제외함)

제32회 공인중개사

① 주택건설사업을 시행하려는 자는 전체 세대수가 **600세대** 이상의 주택단지를 **공구별**로 **분할**하여 주택을 건설·공급할 수 있다.

② 사업계획승인권자는 착공신고를 받은 날부터 20일 이내에 신고수리 여부를 신고인에게 통지하여야 한다.

③ 사업계획승인권자는 사업계획승인의 신청을 받았을 때에는 정당한 사유가 없으면 신청받은 날부터 **60일** 이내에 사업주체에게 **승인 여부**를 **통보**하여야 한다.

④ 사업주체는 사업계획승인을 받은 날부터 **1년** 이내에 **공사**를 **착수**하여야 한다.

⑤ 사업계획에는 부대시설 및 복리시설의 설치에 관한 계획 등이 포함되어야 한다.

> **해설** 사업주체는 사업계획승인을 받은 날부터 5년 이내에 공사를 시작하여야 한다.
> **정답** ④

301 주택건설사업이 완료되어 사용검사가 있은 후에 甲이 주택단지 일부의 토지에 대해 소유권이전등기 말소소송에 따라 해당 토지의 소유권을 회복하게 되었다. 주택법령상 이에 관한 설명으로 옳은 것은?

제29회 공인중개사

① 주택의 소유자들은 甲에게 해당 토지를 **공시지가**로 **매도**할 것을 **청구**할 수 있다.

② **대표자**를 **선정**하여 매도청구에 관한 소송을 하는 경우 대표자는 복리시설을 포함하여 주택의 소유자 전체의 **4분의 3** 이상의 **동의**를 받아 선정한다.

③ 대표자를 선정하여 매도청구에 관한 소송을 하는 경우 그 **판결**은 대표자 선정에 **동의하지 않은 주택의 소유자**에게는 **효력**이 미치지 않는다.

④ 甲이 소유권을 회복한 토지의 면적이 주택단지 전체 대지 면적의 **5퍼센트**를 넘는 경우에는 주택 소유자 전원의 동의가 있어야 **매도청구**를 할 수 있다.

⑤ 甲이 해당 토지의 소유권을 회복한 날부터 **1년**이 경과한 이후에는 甲에게 **매도청구**를 할 수 없다.

> **해설** ① 공시지가로 ⇨ 시가로
> ③ 매도청구에 관한 소송에 대한 판결은 주택의 소유자 전체에 대하여 효력이 있다.
> ④ 매도청구를 하려는 경우에는 해당 토지의 면적이 주택단지 전체 대지 면적의 5퍼센트 미만이어야 한다.
> ⑤ 매도청구의 의사표시는 실소유자가 해당 토지 소유권을 회복한 날부터 2년 이내에 해당 실소유자에게 송달되어야 한다.
> **정답** ②

302 「주택법」상 사용검사 후 매도청구 등에 관한 조문의 일부이다. (   )에 들어갈 숫자를 바르게 나열한 것은?

제30회 공인중개사

> 「주택법」 제62조(사용검사 후 매도청구 등)
> ①~③ <생략>
> ④ 제1항에 따라 매도청구를 하려는 경우에는 해당 토지의 면적이 주택단지 **전체 대지 면적**의 (㉠)퍼센트 **미만**이어야 한다.
> ⑤ 제1항에 따른 **매도청구의 의사표시**는 실소유자가 해당 토지 소유권을 회복한 날부터 (㉡)년 이내에 해당 실소유자에게 **송달**되어야 한다.
> ⑥ <생략>

① ㉠: 5, ㉡: 1   ② ㉠: 5, ㉡: 2
③ ㉠: 5, ㉡: 3   ④ ㉠: 10, ㉡: 1
⑤ ㉠: 10, ㉡: 2

> **해설** ㉠ 사용검사후 매도청구는 그 대상 토지의 면적이 주택단지 전체의 5퍼센트 미만이어야 한다.
> ㉡ 매도청구의 의사표시는 2년 이내에 실소유자에게 송달되어야 한다.
> **정답** ②

303 사업주체 甲은 사업계획승인권자 乙로부터 주택건설 사업을 분할하여 시행하는 것을 내용으로 사업계획승인을 받았다. 주택법령상 이에 관한 설명으로 **틀린** 것은?

제26회 공인중개사

① 乙은 사업계획승인에 관한 사항을 고시하여야 한다.
② 甲은 **최초**로 공사를 진행하는 **공구 외의 공구**에서 해당 주택단지에 대한 최초착공 신고 일부터 **2년** 이내에 **공사**를 **시작**하여야 한다.
③ 甲이 소송 진행으로 인하여 공사착수가 지연되어 연장신청을 한 경우, 乙은 그 분쟁이 종료된 날부터 **2년**의 범위에서 공사 **착수기간**을 **연장**할 수 있다.
④ 주택분양보증을 받지 않은 甲이 파산하여 **공사완료가 불가능**한 경우, 乙은 사업계획승인을 **취소할 수 있다.**
⑤ 甲이 **최초**로 공사를 진행하는 **공구 외의 공구**에서 해당주택단지에 대한 최초착공신고일부터 2년이 지났음에도 사업주체가 공사를 시작하지 아니한 경우 乙은 사업계획승인을 **취소할 수 없다.**

해설 1년 이내에서 연장할 수 있다.
정답 ③

304 주택법령상 주택건설사업계획의 승인 등에 관한 설명으로 **틀린** 것은? (단, 다른 법률에 따른 사업은 제외함)

제28회 공인중개사

① 주거전용 단독주택인 건축법령상의 **한옥 50호 이상**의 건설사업을 시행하려는 자는 사업계획승인을 받아야 한다.
② 주택건설사업을 시행하려는 자는 전체 세대수가 **600세대 이상**의 주택단지를 **공구별**로 **분할**하여 주택을 건설·공급할 수 있다.
③ 사업주체는 공사의 착수기간이 연장되지 않는 한 주택건설사업계획의 승인을 받은 날부터 **5년** 이내에 **공사**를 **시작**하여야 한다.
④ 사업계획승인권자는 사업계획승인의 신청을 받았을 때에는 정당한 사유가 없으면 신청받은 날부터 **60일** 이내에 사업주체에게 **승인 여부**를 **통보**하여야 한다.
⑤ 사업계획승인의 조건으로 부과된 사항을 이행함에 따라 공사 착수가 지연되는 경우, 사업계획승인권자는 그 사유가 없어진 날부터 **3년**의 범위에서 공사의 **착수기간**을 **연장**할 수 있다.

해설 3년 ⇨ 1년
정답 ⑤

305 주택법령상 주택건설사업에 대한 사업계획의 승인에 관한 설명으로 **틀린** 것은?

제29회 공인중개사

① **지역주택조합**은 설립인가를 받은 날부터 **2년** 이내에 **사업계획승인**을 **신청**하여야 한다.
② 사업주체가 승인받은 사업계획에 따라 공사를 시작하려는 경우 사업계획승인권자에게 신고하여야 한다.
③ 사업계획승인권자는 사업주체가 경매로 인하여 대지소유권을 상실한 경우에는 그 사업계획의 승인을 **취소하여야 한다.**
④ 사업주체가 주택건설대지를 사용할 수 있는 권원을 확보한 경우에는 그 대지의 소유권을 확보하지 못한 경우에도 사업계획의 승인을 받을 수 있다.
⑤ 주택조합이 승인받은 총사업비의 10퍼센트를 감액하는 변경을 하려면 변경승인을 받아야 한다.

해설 취소하여야 한다. ⇨ 취소할 수 있다.
정답 ③

306 주택법령상 (   )에 알맞은 것은?

제26회 공인중개사

> 도시지역에서 국민주택 건설 사업계획승인을 신청하려는 경우 공구별로 구분하여 주택을 건설·공급하려면 주택단지 전체 세대수는 (   )세대 이상이어야 한다.

① 200   ② 300   ③ 400
④ 500   ⑤ 600

해설 전체 세대수가 600세대 이상의 주택단지를 공구별로 분할하여 주택을 건설·공급할 수 있다.
정답 ⑤

307 주택법령상 주택의 사용검사 등에 관한 설명으로 틀린 것은?
제24회 공인중개사

① 주택건설 사업계획 승인의 조건이 이행되지 않은 경우에는 공사가 완료된 주택에 대하여 **동별로 사용검사**를 받을 수 **없다.**

② **사업주체가 파산**하여 주택건설사업을 계속 할 수 없고 **시공보증자도 없는 경우 입주예정자대표회의**가 시공자를 정하여 잔여공사를 시공하고 사용검사를 받아야 한다.

③ 주택건설사업을 공구별로 분할하여 시행하는 내용으로 사업계획의 승인을 받은 경우 완공된 주택에 대하여 **공구별로 사용검사**를 받을 수 있다.

④ **사용검사**는 그 신청일부터 **15일** 이내에 하여야 한다.

⑤ **공동주택**이 동별로 공사가 완료되고 임시사용승인 신청이 있는 경우 대상 주택이 사업계획의 내용에 적합하고 사용에 지장이 없는 때에는 **세대별로 임시사용승인**을 할 수 있다.

해설 동별로 사용검사를 받을 수 있다.
정답 ①

308 주택법령상 주택의 사용검사 등에 관한 설명으로 틀린 것은?
제34회 공인중개사

① 하나의 주택단지의 입주자를 분할 모집하여 전체 단지의 사용검사를 마치기 전에 입주가 필요한 경우에는 공사가 완료된 주택에 대하여 **동별로 사용검사**를 받을 수 있다.

② 사용검사는 사용검사 신청일부터 15일 이내에 하여야 한다.

③ 사업주체는 건축물의 동별로 공사가 완료된 경우로서 사용검사권자의 **임시 사용승인**을 받은 경우에는 사용검사를 받기 전에 주택을 사용하게 할 수 있다.

④ 사업주체가 파산 등으로 사용검사를 받을 수 없는 경우에는 해당 주택의 **시공을 보증한 자**, 해당 주택의 시공자 또는 **입주예정자**는 사용검사를 받을 수 있다.

⑤ 무단거주가 아닌 입주예정자가 사업주체의 파산 등으로 사용검사를 받을 때에는 입주예정자의 대표회의가 사용검사권자에게 사용검사를 신청할 때 하자보수보증금을 예치하여야 한다.

해설 ④ 사용검사는 사업주체가 받아야 하는 것이 원칙이나, 다음의 구분에 따라 주택의 시공을 보증한 자, 해당 주택의 시공자 또는 입주예정자는 대통령령으로 정하는 바에 따라 사용검사를 받을 수 있다.

> 1. 사업주체가 파산 등으로 사용검사를 받을 수 없는 경우에는 해당 주택의 시공을 보증한 자 또는 입주예정자
> 2. 사업주체가 정당한 이유 없이 사용검사를 위한 절차를 이행하지 아니하는 경우에는 해당 주택의 시공을 보증한 자, 해당 주택의 시공자 또는 입주예정자

사업주체가 파산 등으로 사용검사를 받을 수 없는 경우이므로 시공자는 제외되어야 한다.

정답 ④

제3절 주택의 공급

309 주택법령상 주택의 공급에 관한 설명으로 옳은 것은?
제26회 공인중개사

① **한국토지주택공사**가 사업주체로서 복리시설의 **입주자를 모집**하려는 경우 시장·군수·구청장에게 **신고**하여야 한다.

② 지방공사가 사업주체로서 견본주택을 건설하는 경우에는 견본주택에 사용되는 마감자재 목록표와 견본주택의 각 실의 내부를 촬영한 영상물 등을 제작하여 시장·군수·구청장에게 제출하여야 한다.

③ 「관광진흥법」에 따라 지정된 **관광특구**에서 건설·공급하는 **50층이상**의 공동주택은 **분양가상한제**의 적용을 받는다.

④ 공공택지 외의 택지로서 분양가상한제가 적용되는 지역에서 공급하는 **도시형생활주택**은 **분양가상한제**의 적용을 받는다.

⑤ **시·도지사**는 사업계획승인 신청이 있는 날부터 **30일** 이내에 **분양가심사위원회**를 설치·운영하여야 한다.

해설 ① 입주자 모집에 관한 승인 및 신고에 관한 규정은 공공주택사업자에게 적용하지 않는다.

③④ 도시형생활주택과 관광특구에서 건설·공급하는 공동주택으로서 해당 건축물의 층수가 50층 이상이거나

높이가 150미터 이상인 경우 분양가상한제를 적용하지 아니한다.

⑤ 시장·군수·구청장은 사업계획승인 신청이 있는 날부터 20일 이내에 분양가심사위원회를 설치·운영하여야 한다.

정답 ②

---

310 주택법령상 주택의 공급에 관한 설명으로 옳은 것은?

제27회 공인중개사

① **한국토지주택공사**가 총지분의 100분의 70을 출자한 부동산투자회사가 사업주체로서 **입주자를 모집**하려는 경우에는 시장·군수·구청장의 **승인**을 받아야 한다.

② 「관광진흥법」에 따라 지정된 **관광특구**에서 건설·공급하는 층수가 **51층**이고 높이가 **140m**인 아파트는 **분양가상한제**의 적용대상이다.

③ **시·도지사**는 주택 가격상승률이 물가상승률보다 현저히 높은 지역으로서 주택가격의 급등이 우려되는 지역에 대해서 **분양가상한제 적용지역**으로 **지정**할 수 있다.

④ 주택의 **사용검사 후** 주택단지 내 일부의 토지의 소유권을 회복한 자에게 주택소유자들이 **매도청구**를 하려면 해당 토지의 면적이 주택단지 전체 대지면적의 **5퍼센트 미만**이어야 한다.

⑤ 사업주체가 투기과열지구에서 건설·공급하는 주택의 입주자로 선정된 지위는 매매하거나 **상속할 수 없다.**

해설 ① 한국토지주택공사가 총지분의 100분의 70을 출자한 부동산투자회사는 공공주택사업자이므로 입주자모집의 승인을 받을 필요가 없다.

② 관광특구에서 건설·공급하는 공동주택으로서 해당 건축물의 층수가 50층 이상이거나 높이가 150미터 이상인 경우 분양가상한제를 적용하지 아니한다.

③ 분양가상한제 적용지역은 국토교통부장관이 지정한다.

⑤ 상속의 경우에는 제외된다.

정답 ④

---

311 주택법령상 분양가상한제 적용주택에 관한 설명으로 옳은 것을 모두 고른 것은?

제33회 공인중개사

> ㉠ **도시형생활주택**은 **분양가상한제** 적용주택에 해당하지 않는다.
> ㉡ **토지임대부** 분양주택의 분양가격은 **택지비**와 건축비로 구성된다.
> ㉢ 사업주체는 분양가상한제 적용주택으로서 공공택지에서 공급하는 주택에 대하여 입주자 모집 공고에 분양가격을 공시해야 하는데, 간접비는 공시해야 하는 분양가격에 포함되지 않는다.

① ㉠ ② ㉠, ㉡ ③ ㉠, ㉢
④ ㉡, ㉢ ⑤ ㉠, ㉡, ㉢

해설 ㉡ 토지임대부 분양주택의 분양가격에는 택지비는 포함되지 않는다.

㉢ 사업주체는 분양가상한제 적용주택으로서 공공택지에서 공급하는 주택에 대하여 입주자 모집 공고에 택지비, 공사비, 간접비에 대하여 분양가격을 공시하여야 한다.

정답 ①

---

312 주택법령상 투기과열지구의 지정 기준에 관한 조문의 일부이다. 다음 ( )에 들어갈 숫자를 옳게 연결한 것은?

제28회 공인중개사

> 1. 투기과열지구지정직전월부터 소급하여 주택공급이 있었던 (㉠)개월간 해당 지역에서 공급되는 주택의 월별 평균 청약경쟁률이 (㉡)대 1을 초과하였거나 국민주택규모 주택의 월별 평균 청약경쟁률이 10대 1을 초과한 곳
> 2. 다음 각 목의 어느 하나에 해당하여 주택공급이 위축될 우려가 있는 곳
>   가. 투기과열지구지정직전월의 주택분양실적이 전달보다 (㉢)% 이상 감소한 곳

① ㉠: 2, ㉡: 5, ㉢: 30
② ㉠: 2, ㉡: 10, ㉢: 40
③ ㉠: 6, ㉡: 5, ㉢: 30
④ ㉠: 6, ㉡: 10, ㉢: 30
⑤ ㉠: 6, ㉡: 10, ㉢: 40

해설 ㉠, ㉡ 투기과열지구지정직전월부터 소급하여 주택공급이 있었던 2개월간 해당 지역에서 공급되는 주택의 월별 평균 청약경쟁률이 5대 1을 초과하였거나 국민주택규모 주택의 월별 평균 청약경쟁률이 10대 1을 초과한 곳
㉢ 투기과열지구지정직전월의 주택분양실적이 전달보다 30% 이상 감소한 곳

정답 ①

---

313 주택법령상 투기과열지구의 지정 기준에 관한 설명이다. (　)에 들어갈 숫자와 내용을 바르게 나열한 것은?
제32회 공인중개사

> • 투기과열지구로 지정하는 날이 속하는 달의 바로 전 달(이하 "투기과열지구지정직전월")부터 소급하여 주택공급이 있었던 (㉠)개월 동안 해당 지역에서 공급되는 주택의 월별 평균 **청약경쟁률**이 모두 5대 1을 초과하였거나 **국민주택규모** 주택의 월별 평균 청약경쟁률이 모두 (㉡)대 1을 초과한 곳
> • 투기과열지구지정직전월의 (㉢)이 전달보다 30 퍼센트 이상 감소하여 주택공급이 위축될 우려가 있는 곳

① ㉠: 2, ㉡: 10, ㉢: 주택분양실적
② ㉠: 2, ㉡: 10, ㉢: 건축허가실적
③ ㉠: 2, ㉡: 20, ㉢: 건축허가실적
④ ㉠: 3, ㉡: 10, ㉢: 주택분양실적
⑤ ㉠: 3, ㉡: 20, ㉢: 건축허가실적

해설 • 투기과열지구지정직전월부터 소급하여 주택공급이 있었던 2개월간 해당 지역에서 공급되는 주택의 월별 평균 청약경쟁률이 5대 1을 초과하였거나 국민주택규모 주택의 월별 평균 청약경쟁률이 10대 1을 초과한 곳
• 투기과열지구지정직전월의 주택분양실적이 전달보다 30 퍼센트 이상 감소하여 주택공급이 위축될 우려가 있는 곳

정답 ①

---

314 주택법령상 투기과열지구 및 조정대상지역에 관한 설명으로 옳은 것은?
제29회 공인중개사

① 국토교통부장관은 시·도별 **주택보급률** 또는 **자가주택 비율**이 **전국 평균**을 **초과**하는 지역을 투기과열지구로 지정할 수 있다.
② **시·도지사**는 주택의 분양·매매 등 거래가 위축될 우려가 있는 지역을 시·도 주거정책심의위원회의 심의를 거쳐 **조정대상지역**으로 **지정**할 수 있다.
③ **투기과열지구**의 **지정기간**은 3년으로 하되, 당해 지역 시장·군수·구청장의 의견을 들어 연장할 수 있다.
④ 투기과열지구로 지정되면 **지구 내 주택**은 **전매**행위가 **제한**된다.
⑤ 조정대상지역으로 지정된 지역의 시장·군수·구청장은 조정대상지역으로 유지할 필요가 없다고 판단되는 경우 국토교통부장관에게 그 지정의 해제를 요청할 수 있다.

해설 ① 시·도별 주택보급률 또는 자가주택비율이 전국 평균을 초과하는 지역에 조정대상지역을 지정할 수 있다. 투기과열지구는 시·도별 주택보급률 또는 자가주택 비율이 전국 평균 이하인 지역에 지정할 수 있다.
② 조정대상지역은 국토교통부장관이 지정한다.
③ 투기과열지구의 지정기간은 따로 없고, 1년마다 투기과열지구 지정의 유지 여부를 재검토하여야 한다.
④ 투기과열지구에서 건설·공급되는 주택의 입주자로 선정된 지위의 전매가 제한된다.

정답 ⑤

315 주택법령상 사업주체는 사업의 대상이 된 주택 및 대지에 대하여는 '일정 기간' 동안 입주예정자의 동의 없이 저당권설정 등을 할 수 없는 바, 이에 관한 설명으로 옳은 것은? 제19회 공인중개사

① '일정 기간'이란, 입주자모집공고 승인신청일 이후부터 입주예정자가 소유권이전등기를 신청할 수 있는 날 이후 **90일**까지의 기간을 말한다.

② 위 ①에서 '소유권이전등기를 신청할 수 있는 날'이란 사업주체가 입주예정자에게 통보한 **잔금지급일**을 말한다.

③ 사업주체가 저당권설정제한의 부기등기를 하는 경우, 주택건설**대지**에 대하여는 **입주자모집공고승인신청과 동시**에, 건설된 **주택**에 대하여는 **소유권보존등기와 동시**에 하여야 한다.

④ 대한주택보증주식회사의 신탁의 인수**에 관하여는**「자본시장과 금융투자업에 관한 법률」을 **적용**한다.

⑤ 대한주택보증주식회사가 분양보증을 하면서 주택건설대지를 자신에게 신탁하게 할 경우 사업주체는 이를 신탁해야 한다.

해설 ① 90일 ⇨ 60
② 소유권이전등기를 신청할 수 있는 날이란 사업주체가 입주예정자에게 통보한 입주가능일을 말한다.
④ 대한주택보증주식회사의 신탁의 인수에 관하여는「자본시장과 금융투자업에 관한 법률」을 적용하지 아니한다.
⑤ 대한주택보증주식회사가 분양보증을 행하면서 주택건설대지를 대한주택보증주식회사에 신탁하게 할 경우에는 사업주체는 당해 주택건설대지를 신탁할 수 있다.
정답 ③

316 세대주인 甲이 취득한 주택은 주택법령에 의한 전매제한 기간 중에 있다. 다음 중 甲이 이 주택을 전매할 수 있는 경우는? (단, 다른 요건은 충족됨) 제22회 공인중개사

① 세대원인 甲의 아들의 결혼으로 甲의 세대원 전원이 서울특별시로 이전하는 경우

② 甲은 상속에 의하여 취득한 주택으로 이전하면서, 甲을 제외한 나머지 세대원은 다른 새로운 주택으로 이전하는 경우

③ 甲의 세대원 전원이 1년 6개월간 해외에 체류하고자 하는 경우

④ 세대원인 甲의 가족은 국내에 체류하고, 甲은 해외로 이주하고자하는 경우

⑤ 甲이 이 주택의 일부를 배우자에게 증여하는 경우

해설 ① 수도권인 서울특별시로 이전 하면 안 된다.
② 세대원 전원이 이전하여야 한다.
③ 2년 이상 해외체류
④ 세대원 전원이 해외이주
정답 ⑤

317 주택법령상 주택의 전매행위 제한에 관한 설명으로 **틀린** 것은? (단, 수도권은 「수도권정비계획법」에 의한 것임)   제27회 공인중개사 수정

① 전매제한기간은 주택의 수급 상황 및 투기 우려 등을 고려하여 지역별로 달리 정할 수 있다.

② 사업주체가 수도권의 지역으로서 공공택지 외의 택지에서 건설·공급하는 주택을 공급하는 경우에는 그 주택의 소유권을 제3자에게 이전할 수 없음을 소유권에 관한 등기에 부기등기하여야 한다.

③ 세대원 전원이 2년 이상의 기간 해외에 체류하고자 하는 경우로서 한국토지주택공사의 동의를 받은 경우에는 전매제한 주택을 전매할 수 있다.

④ 상속에 의하여 취득한 주택으로 세대원 전원이 이전하는 경우로서 한국토지주택공사의 동의를 받은 경우에는 전매제한 주택을 전매할 수 있다.

⑤ 수도권의 지역으로서 공공택지 외의 택지에서 건설·공급되는 주택의 소유자가 국가에 대한 채무를 이행하지 못하여 공매가 시행되는 경우에는 **한국토지주택공사의 동의 없이**도 **전매**를 할 수 있다.

해설 한국토지주택공사의 동의를 받아 전매할 수 있다.
정답 ⑤

318 주택법령상 주택의 공급질서 교란행위에 해당하지 않는 것은?   제23회 공인중개사

① 주택상환사채의 증여

② 입주자저축증서의 매매의 알선

③ 도시개발채권의 양도

④ 시장이 발행한 무허가건물확인서를 매매할 목적으로 하는 광고

⑤ 공공사업의 시행으로 인한 이주대책에 의하여 주택을 공급받을 수 있는 지위의 매매

해설 도시개발채권은 주택공급과는 관련이 없다.
정답 ③

319 주택법령상 주택공급질서의 교란을 방지하기 위하여 금지되는 행위가 **아닌** 것은?   제24회 공인중개사

① 주택을 공급받을 수 있는 조합원 지위의 매매

② 주택상환사채의 매매의 알선

③ 입주자저축 증서의 저당

④ 공공사업의 시행으로 인한 이주대책에 의하여 주택을 공급받을 수 있는 지위의 매매를 위한 인터넷 광고

⑤ 주택을 공급받을 수 있는 증서로서 군수가 발행한 건물철거확인서의 매매

해설 상속 및 저당은 제외한다.
정답 ③

320 주택법령상 주택공급과 관련하여 금지되는 공급질서 교란행위에 해당하는 것을 모두 고른 것은?   제32회 공인중개사

> ㉠ 주택을 공급받을 수 있는 조합원 지위의 상속
> ㉡ 입주자저축 증서의 저당
> ㉢ 공공사업의 시행으로 인한 이주대책에 따라 주택을 공급받을 수 있는 지위의 매매
> ㉣ 주택을 공급받을 수 있는 증서로서 시장·군수·구청장이 발생한 무허가건물 확인서의 증여

① ㉠, ㉡   ② ㉠, ㉣   ③ ㉢, ㉣
④ ㉠, ㉡, ㉣   ⑤ ㉡, ㉢, ㉣

해설 ㉠. ㉡ 상속과 저당은 제외한다.
정답 ③

Chapter 06 농지법

제1절 **총설**

321 농지법령상 용어에 관한 설명으로 틀린 것은?

제27회 공인중개사

① 실제로 농작물 경작지로 이용되는 토지이더라도 법적 **지목**이 과수원인 경우는 '**농지**'에 해당하지 않는다.
② 소가축 80두를 사육하면서 1년 중 **150일**을 **축산업**에 종사하는 개인은 '농업인'에 해당한다.
③ **3,000m²의 농지**에서 농작물을 **경작**하면서 1년 중 80일을 농업에 종사하는 개인은 '농업인'에 해당한다.
④ 인삼의 재배지로 계속하여 이용되는 기간이 4년인 **지목**이 **전(田)**인 토지는 '**농지**'에 해당한다.
⑤ 농지 소유자가 타인에게 일정한 보수를 지급하기로 약정하고 농작업의 일부만을 위탁하여 행하는 농업 경영도 '위탁경영'에 해당한다.

해설 실제로 농작물의 경작에 이용되는 토지는 법적 지목을 불문하고 농지로 본다.
정답 ①

322 농지법령상 농업에 종사하는 개인으로서 농업인에 해당하는 자는?

제28회 공인중개사

① 꿀벌 10군을 사육하는 자
② 가금 500수를 사육하는 자
③ 1년 중 100일을 축산업에 종사하는 자
④ 농산물의 연간 판매액이 100만원인 자
⑤ 농지에 300m²의 비닐하우스를 설치하여 다년생식물을 재배하는 자

해설 ② 가금 1,000수 이상을 사육하는 자
③ 1년 중 120일 이상 축산업에 종사하는 자
④ 농업경영을 통한 농산물의 연간 판매액이 120만원 이상인 자
⑤ 농지에 330m² 이상의 고정식온실·버섯재배사·비닐하우스 등을 설치하여 농작물 또는 다년생식물을 경작 또는 재배하는 자
정답 ①

323 농지법령상 농지를 해당하는 것만을 모두 고른 것은?

제30회 공인중개사

> ㉠ 대통령령으로 정하는 다년생식물 재배지로 이용되는 토지(「초지법」에 따라 조성된 초지 등 대통령령으로 정하는 토지는 제외)
> ㉡ 관상용 수목의 묘목을 **조경목적으로 식재**한 재배지로 실제로 이용되는 토지
> ㉢ 「공간정보의 구축 및 관리 등에 관한 법률」에 따른 지목이 답(畓)이고 농작물 경작지로 실제로 이용되는 토지의 개량시설에 해당하는 양·배수시설의 부지

① ㉠   ② ㉠, ㉡   ③ ㉠, ㉢
④ ㉡, ㉢   ⑤ ㉠, ㉡, ㉢

해설 조경 또는 관상용 수목과 그 묘목의 재배지는 농지에 해당하나, 조경목적으로 식재한 경우에는 농지에 해당하지 않는다.
정답 ③

제2절 | 농지의 소유

324 농지법령상 농지는 자기의 농업경영에 이용하거나 이용할 자가 아니면 소유하지 못함이 원칙이다. 그 예외에 해당하지 <u>않는</u> 것은? 제33회 공인중개사

① 8년 이상 **농업경영**을 하던 사람이 **이농**한 후에도 이농 당시 소유 농지 중 **1만제곱미터**를 계속 소유하면서 농업경영에 이용되도록 하는 경우

② 농림축산식품부장관과 협의를 마치고 「**공익사업을 위한 토지 등의 취득 및 보상에 관한 법률**」에 따라 **농지를 취득**하여 소유하면서 농업경영에 이용되도록 하는 경우

③ 「공유수면 관리 및 매립에 관한 법률」에 따라 **매립농지**를 취득하여 소유하면서 농업경영에 이용되도록 하는 경우

④ **주말·체험영농**을 하려고 **농업진흥지역** 내의 농지를 소유하는 경우

⑤ 「초·중등교육법」 및 「고등교육법」에 따른 **학교**가 그 목적사업을 수행하기 위하여 필요한 **연구지·실습지**로 쓰기 위하여 농림축산식품부령으로 정하는 바에 따라 농지를 취득하여 소유하는 경우

해설 ④ 주말·체험영농을 목적으로 하는 경우에는 농업진흥지역 외의 농지를 소유할 수 있다.

정답 ④

325 농지법령상 농지소유상한에 관한 내용 중 (   )안에 들어갈 내용은? (다만, 농지소유자가 농지법령에 따라 농지를 임대하거나 사용대(使用貸) 하는 경우에는 제외함) 제21회 공인중개사

> • 상속으로 농지를 취득한 자로서 농업경영을 하지 아니하는 자는 그 상속농지 중에서 총 (㉠)m^{2}까지만 소유할 수 있다.
>
> • 8년 이상 농업경영을 한 후 이농한 자는 이농 당시 소유농지 중에서 총 (㉡)m^{2}까지만 소유 할 수 있다.

① ㉠: 5,000   ㉡: 5,000
② ㉠: 10,000   ㉡: 5,000
③ ㉠: 10,000   ㉡: 10,000
④ ㉠: 30,000   ㉡: 10,000
⑤ ㉠: 30,000   ㉡: 30,000

해설 농업경영을 하지 않는 상속농지와 이농의 경우 1만m^{2}까지 소유할 수 있다.

정답 ③

326 농지법령상 농지취득자격증명을 발급받지 아니하고 농지를 취득할 수 있는 경우에 해당하지 <u>않는</u> 것은? 제26회 공인중개사

① 농업법인의 **합병**으로 농지를 취득하는 경우

② 농지를 농업인 주택의 부지로 전용하려고 **농지전용신고**를 한 자가 그 농지를 취득하는 경우

③ 공유농지의 **분할**로 농지를 취득하는 경우

④ **상속**으로 농지를 취득하는 경우

⑤ **시효의 완성**으로 농지를 취득하는 경우

해설 농지전용협의를 마친 농지는 농지취득자격증명 발급을 요하지 않으나 농지전용허가 또는 농지전용신고를 한 자가 농지를 취득하는 경우는 농지취득자격증명을 발급받아야 한다.

정답 ②

327 농지법령상 농지취득자격증명을 발급받지 아니하고 농지를 취득할 수 있는 경우가 <u>아닌</u> 것은?

제32회 공인중개사

① **시효의 완성**으로 농지를 취득하는 경우
② 공유 농지의 **분할**로 농지를 취득하는 경우
③ 농업법인의 **합병**으로 농지를 취득하는 경우
④ **국가**나 **지방자치단체**가 농지를 소유하는 경우
⑤ **주말·체험영농**을 하려고 농업진흥지역 외의 농지를 소유하는 경우

해설 주말·체험영농을 하려고 농업진흥지역 외의 농지를 소유하는 경우 농지취득자격증명을 발급받아야 한다.

정답 ⑤

328 농지법령상 주말·체험영농을 하려고 농업진흥지역 외의 농지를 소유하는 경우에 관한 설명으로 <u>틀린</u> 것은?

제26회 공인중개사

① 농업인이 아닌 개인도 농지를 소유할 수 있다.
② **세대원 전부**가 소유한 면적을 합하여 총 **1천제곱미터 미만**의 농지를 소유할 수 있다.
③ 농지를 취득하려면 **농지취득자격증명**을 발급받아야 한다.
④ 소유농지를 농수산물 유통·가공시설의 부지로 전용하려면 농지전용신고를 하여야 한다.
⑤ 농지를 취득한 자가 **징집**으로 인하여 그 농지를 주말·체험영농에 이용하지 못하게 되면 1년 이내에 그 **농지를 처분하여야 한다.**

해설 처분사유가 아니라 위탁경영사유에 해당한다.

정답 ⑤

329 농지법령상 농업경영에 이용하지 아니하는 농지의 처분의무에 관한 설명으로 옳은 것은?

제25회 공인중개사

① 농지 소유자가 선거에 따른 **공직취임으로 휴경**하는 경우에는 소유농지를 자기의 농업경영에 이용하지 아니하더라도 농지**처분의무**가 **면제**된다.
② 농지 **소유 상한**을 **초과**하여 농지를 소유한 것이 판명된 경우에는 소유농지 **전부**를 **처분**하여야 한다.
③ 농지**처분의무 기간**은 처분사유가 발생한 날부터 **6개월**이다.
④ 농지전용신고를 하고 그 농지를 취득한 자가 **질병으로** 인하여 취득한 날부터 2년이 초과하도록 그 **목적사업에 착수하지 아니한 경우**에는 농지처분의무가 면제된다.
⑤ 농지 소유자가 시장·군수 또는 구청장으로부터 농지처분명령을 받은 경우 **한국토지주택공사**에 그 농지의 **매수**를 **청구**할 수 있다.

해설 ② 농지 소유 상한을 초과하여 농지를 소유한 것이 판명된 경우에는 소유 상한을 초과한 농지만 처분의무가 있다.
③ 농지처분 사유가 발생한 날부터 1년 이내에 해당 농지를 처분하여야 한다.
④ 농지전용허가를 받거나 농지전용신고를 하고 그 농지를 취득한 자가 취득한 날부터 2년 이내에 그 목적사업에 착수하지 아니한 경우에는 처분의무가 있다. 질병 등으로 목적사업에 착수하지 아니한 것은 처분의무의 면제사유가 아니다.
⑤ 농지 소유자는 처분명령을 받으면 「한국농어촌공사 및 농지관리기금법」에 따른 한국농어촌공사에 그 농지의 매수를 청구할 수 있다.

정답 ①

330 농업경영에 이용하지 아니하는 농지에 관하여 「농지법령」에 규정되어 있지 <u>않은</u> 것은?

제20회 공인중개사

① 처분의무 발생의 통지
② 처분명령의 유예
③ 매수청구권의 행사
④ 대집행
⑤ 이행강제금의 부과

해설 농업경영위반에 대한 조치로 대집행에 관한 규정은 두고 있지 않다.

정답 ④

제3절 | 농지의 이용

331 농지법령상 조문의 일부이다. 다음 ( )에 들어갈 숫자를 옳게 연결한 것은? 제28회 공인중개사 수정

> ㉠ 유휴농지의 대리경작자는 수확량의 100분의 (ⓐ)을 농림축산식품부령으로 정하는 바에 따라 그 농지의 소유권자나 임차권자에게 토지 사용료로 지급하여야 한다.
>
> ㉡ 농업진흥지역 밖의 농지를 농지전용허가를 받지 아니하고 전용한 자는 3년 이하의 징역 또는 해당 토지가액의 100분의 (ⓑ)에 해당하는 금액이하의 벌금에 처한다.
>
> ㉢ 군수는 처분명령을 받은 후 정당한 사유 없이 지정기간까지 그 처분명령을 이행하지 아니한 자에게 해당 「감정평가 및 감정평가사에 관한 법률」에 따른 감정평가법인등이 감정평가한 감정가격 또는 「부동산 가격공시에 관한 법률」에 따른 개별공시지가 중 더 높은 가액의 100분의 (ⓒ)에 해당하는 이행강제금을 부과한다.

① ⓐ: 10, ⓑ: 20, ⓒ: 50
② ⓐ: 10, ⓑ: 50, ⓒ: 25
③ ⓐ: 20, ⓑ: 10, ⓒ: 50
④ ⓐ: 20, ⓑ: 50, ⓒ: 10
⑤ ⓐ: 50, ⓑ: 10, ⓒ: 25

해설 ⓐ: 10, ⓑ: 50, ⓒ: 25
정답 ②

332 농지법령상 유휴농지에 대한 대리경작자의 지정에 관한 설명으로 옳은 것은? 제32회 공인중개사

① 지력의 증진이나 토양의 개량·보전을 위하여 필요한 기간 동안 **휴경**하는 농지에 대하여도 **대리경작자**를 **지정할 수 있다.**
② 대리경작자 지정은 유휴농지를 경작하려는 농업인 또는 농업법인의 신청이 있을 때에만 할 수 있고, **직권으로는 할 수 없다.**
③ 대리경작자가 경작을 게을리하는 경우에는 대리경작 기간이 끝나기 전이라도 대리경작자 지정을 해지할 수 있다.
④ **대리경작 기간**은 **3년**이고, 이와 다른 기간을 **따로 정할 수 없다.**
⑤ 농지 소유권자를 대신할 대리경작자만 지정할 수 있고, 농지 임차권자를 대신할 대리경작자를 지정할 **수는 없다.**

해설 ① 지력의 증진이나 토양의 개량·보전을 위하여 필요한 기간 동안 휴경하는 농지는 유휴농지가 아니므로 대리경작자를 지정할 수 없다.
② 대리경작자는 시장·군수 또는 구청장이 직권으로 지정하거나 유휴농지를 경작하려는 농업인 또는 농업법인의 신청을 받아 지정할 수 있다.
④ 대리경작 기간은 따로 정하지 아니하면 3년으로 한다.
⑤ 농지의 소유권자나 임차권자를 대신하여 농작물을 경작할 자를 대리경작자라 한다.
정답 ③

333 농지의 대리경작 및 임대차에 관한 설명으로 틀린 것은?
제21회 공인중개사

① 유휴농지의 **대리경작기간**은 따로 정하지 아니하면 **3년**으로 한다.

② 농업경영을 하려는 자에게 농지를 **임대**하는 경우 **서면계약**을 원칙으로 한다.

③ 임대농지의 양수인은 「농지법」에 따른 임대인의 지위를 승계한 것으로 본다.

④ **지력의 증진**을 위하여 필요한 기간동안 **휴경**하는 농지에 대하여는 **대리경작자**를 지정할 수 **없다.**

⑤ 자기의 농업경영을 위해 농지를 소유하는 자는 **주말·체험영농**을 하려는 자에게 **임대**하는 것을 **업(業)으로 하는 자에게** 자신의 농지를 임대할 수 없다.

해설 임대할 수 있다.
정답 ⑤

334 농지법령상 농지의 임대차에 관한 설명으로 틀린 것은? (단, 농업경영을 하려는 자에게 임대하는 경우이며, 국유농지와 공유농지가 아님을 전제로 함)
제24회 공인중개사

① **임대차 기간**을 정하지 아니하거나 5년보다 짧은 경우에는 **5년**으로 약정된 것으로 본다.

② 「농지법」에 위반된 약정으로서 임차인에게 불리한 것은 그 효력이 없다.

③ 임대차계약은 서면계약을 원칙으로 한다.

④ 임대 농지의 양수인은 「농지법」에 따른 임대인의 지위를 승계한 것으로 본다.

⑤ 임대차계약은 그 등기가 없는 경우에도 임차인이 농지소재지를 관할하는 시·구·읍·면의 장의 확인을 받고, 해당 농지를 인도받은 경우에는 그 다음날부터 제3자에 대하여 효력이 생긴다.

해설 5년이 아니라 3년이다.
정답 ①

335 농지법령상 농지의 임대차에 관한 설명으로 틀린 것은? (단, 농업경영을 하려는 자에게 임대하는 경우를 전제로 함)
제31회 공인중개사

① 60세 이상 농업인의 자신이 거주하는 시·군에 있는 소유 농지 중에서 자기의 농업경영에 이용한 기간이 5년이 넘은 농지를 임대할 수 있다.

② 농지를 임차한 임차인이 그 농지를 정당한 사유 없이 농업경영에 사용하지 아니할 때에는 시장·군수·구청장은 임대차의 종료를 명할 수 있다.

③ 임대차계약은 그 등기가 없는 경우에도 임차인이 농지소재지를 관할하는 시·구·읍·면의 장의 확인을 받고, 해당 농지를 인도받은 경우에는 그 다음 날부터 제3자에 대하여 효력이 생긴다.

④ 농지의 임차인이 농작물의 재배시설로서 **비닐하우스**를 설치한 농지의 **임대차기간**은 10년 이상으로 하여야 한다.

⑤ 농지임대차조정위원회에서 작성한 조정안을 임대차계약 당사자가 수락한 때에는 이를 당사자 간에 체결된 계약의 내용으로 본다.

해설 10년 ⇨ 5년
정답 ④

336 농지법령상 농지를 임대하거나 무상사용하게 할 수 있는 요건 중 일부이다. ( )에 들어갈 숫자로 옳은 것은?
제34회 공인중개사

- (㉠)세 이상인 농업인이 거주하는 시·군에 있는 소유 농지 중에서 자기의 농업경영에 이용한 기간이 (㉡)년이 넘은 농지
- (㉢)월 이상의 국외여행으로 인하여 일시적으로 농업경영에 종사하지 아니하게 된 자가 소유하고 있는 농지

① ㉠: 55, ㉡: 3, ㉢: 3
② ㉠: 60, ㉡: 3, ㉢: 5
③ ㉠: 60, ㉡: 5, ㉢: 3
④ ㉠: 65, ㉡: 4, ㉢: 5
⑤ ㉠: 65, ㉡: 5, ㉢: 1

해설 • 60세 이상인 농업인이 거주하는 시·군에 있는 소유 농지 중에서 자기의 농업경영에 이용한 기간이 5년이 넘은 농지
• 3월 이상의 국외여행으로 인하여 일시적으로 농업경영에 종사하지 아니하게 된 자가 소유하고 있는 농지

정답 ③

337 농지법령상 농지 소유자가 소유 농지를 위탁경영할 수 <u>없는</u> 경우는? 제29회 공인중개사

① 「병역법」에 따라 현역으로 징집된 경우
② 6개월간 미국을 여행 중인 경우
③ 선거에 따른 지방의회의원 취임으로 자경할 수 없는 경우
④ 농업법인이 청산 중인 경우
⑤ 교통사고로 2개월간 치료가 필요한 경우

해설 부상으로 3월 이상의 치료가 필요한 경우 위탁경영이 가능하다.

정답 ⑤

338 농지법령상 농지의 소유자가 소유 농지를 위탁경영할 수 <u>없는</u> 경우만을 모두 고른 것은? 제30회 공인중개사

> ㉠ 과수를 가지치기 또는 열매솎기, 재배관리 및 수확하는 농작업에 **1년 중 4주**간을 직접 종사하는 경우
> ㉡ 6개월간 **대한민국 전역**을 일주하는 여행 중인 경우
> ㉢ 선거에 따른 **공직취임**으로 자경할 수 없는 경우

① ㉠   ② ㉡   ③ ㉠, ㉡
④ ㉡, ㉢   ⑤ ㉠, ㉡, ㉢

해설 ㉠ 과수를 가지치기 또는 열매솎기, 재배관리 및 수확 등에 해당하는 농작업에 1년 중 30일 이상 직접 종사하는 경우로서 농업인이 자기 노동력이 부족하여 농작업의 일부를 위탁하는 경우에 위탁경영할 수 있다.
㉡ 3개월 이상 국외 여행 중인 경우에 위탁경영할 수 있다. 국내 여행은 이에 해당하지 않는다.

정답 ③

339 농지법령상 농지 소유자가 소유 농지를 위탁경영할 수 있는 경우가 <u>아닌</u> 것은? 제34회 공인중개사

① 선거에 따른 공직 취임으로 자경할 수 없는 경우
② 「병역법」에 따라 징집 또는 소집된 경우
③ 농업법인이 청산 중인 경우
④ 농지이용증진사업 시행계획에 따라 위탁경영하는 경우
⑤ 농업인이 자기 노동력이 부족하여 농작업의 **전부**를 위탁하는 경우

해설 ⑤ 농업인이 자기 노동력이 부족하여 농작업의 '일부'를 위탁하는 경우

정답 ⑤

제**4**절 **농지의 보전**

340 농지법령상 농업진흥지역을 지정할 수 <u>없는</u> 지역은? 제31회 공인중개사

① 특별시의 녹지지역
② 특별시의 관리지역
③ 광역시의 관리지역
④ 광역시의 농림지역
⑤ 군의 자연환경보전지역

해설 특별시의 녹지지역은 농업진흥지역의 지정대상이 아니다.
정답 ①

341 농지법령상 농지의 전용에 관한 설명으로 옳은 것은?

제29회 공인중개사

① 과수원인 토지를 재해로 인한 농작물의 피해를 방지하기 위한 방풍림 부지로 사용하는 것은 농지의 전용에 해당하지 않는다.

② 전용**허가**를 받은 농지의 **위치**를 동일 필지 안에서 **변경**하는 경우에는 농지전용**신고**를 하여야 한다.

③ 산지전용허가를 받지 아니하고 **불법으로 개간한 농지**라도 이를 다시 **산림으로 복구**하려면 농지전용허가를 받아야 한다.

④ 농지를 농업인 주택의 부지로 전용하려는 경우에는 **농림축산식품부장관에게** 농지전용**신고**를 하여야 한다.

⑤ 농지전용신고를 하고 농지를 전용하는 경우에는 농지를 전·답·과수원 외의 지목으로 변경하지 못한다.

해설 ② 전용허가를 받은 농지의 위치(동일 필지 안에서 위치를 변경하는 경우에 한한다)를 변경하는 경우 중요 사항을 변경하는 경우로서 허가받아야 한다.

③ 산지전용허가를 받지 아니하거나 산지전용신고를 하지 아니하고 불법으로 개간한 농지를 산림으로 복구하는 것은 농지전용허가의 대상이 아니다.

④ 시장·군수 또는 자치구구청장에게 신고하여야 한다.

⑤ 농지전용신고를 하고 농지를 전용한 경우 농지를 전·답·과수원 외의 지목으로 변경할 수 있다.

정답 ①

제36회 공인중개사 시험대비 **전면개정판**

2025 박문각 공인중개사
박희용 기출문제 2차 부동산공법

초판인쇄 | 2025. 1. 10. **초판발행** | 2025. 1. 15. **편저** | 박희용 편저

발행인 | 박 용 **발행처** | (주)박문각출판 **등록** | 2015년 4월 29일 제2019-000137호

주소 | 06654 서울시 서초구 효령로 283 서경빌딩 4층 **팩스** | (02)584-2927

전화 | 교재 주문 (02)6466-7202, 동영상문의 (02)6466-7201

저자와의
협의하에
인지생략

정가 13,000원
ISBN 979-11-7262-526-9